Vers le Temple

Copyright © 2018

Éditions Unicursal Publishers
www.unicursalpub.com

ISBN 978-2-924859-39-1

Première Édition, Imbolg 2018

Tous droits réservés pour tous les pays.

ANNIE BESANT

VERS LE TEMPLE

La Purification — L'Entraînement mental
La Construction du Caractère
L'Alchimie Spirituelle — Sur le Seuil

Classiques Théosophiques

Préface du Traducteur

Dans nos traductions précédentes — *La Philosophie Ésotérique de l'Inde, L'Homme et ses Corps, la Sagesse Antique* — *nous nous sommes efforcés de présenter au public français et belge une vue d'ensemble des enseignements de l'École Théosophique contemporaine. Nous sommes heureux d'y ajouter ce petit ouvrage, qui laisse entrevoir le caractère profondément mystique de cette même doctrine, appliquée à l'élaboration morale et à la spiritualisation de l'être humain.*

Ces cinq conférences furent données par Mme Annie Besant, en août 1895, aux membres de la « Blavatsky Lodge », une des principales loges de la Société Théosophique à Londres. Elles furent publiées ensuite sous le titre de In the Outer Court — Dans l'Enceinte Extérieure.

Nous savons que la traduction en sera accueillie avec joie par tous les amis sincères de la Théosophie, qui y pui-

seront les forces morales nécessaires à l'incessante lutte intérieure contre l'instinct d'égoïsme et de séparativité. Mais nous espérons en outre que notre effort, quelque imparfait qu'il soit, contribuera à éclairer dans une certaine mesure tous ceux qui, en France, s'intéressent sans trop de parti-pris à la renaissance spiritualiste, idéaliste et mystique, et qu'il leur permettra d'entrevoir la portée véritable de ce mouvement Théosophique, qu'on a trop souvent cherché à faire passer à leurs yeux pour une simple entreprise d'éclectisme intellectuel. C'est à ceux-là surtout, parmi nos frères de France, que cette traduction est dédiée.*

La Purification

Vers le Temple

I

La Purification

Si, de quelque centre situé dans l'espace, nous pouvions suivre du regard la marche de l'évolution, étudiant l'histoire de notre chaîne de mondes suivant une conception imaginaire, figurative, et non sous l'apparence de régions physique, astrale et mental que ces mondes nous présentent ; s'il nous était donné de considérer ainsi, de l'extérieur, ces groupes d'êtres qui progressent, cette humanité en évolution, nous pourrions, me semble-t-il, représenter le tout sous forme d'un tableau. Je vois une haute montagne dressée dans l'espace et ceinte d'une route qui s'élève en tournant jusqu'au sommet du mont. Les spires de la route sont au nombre de sept. Sur chaque spire je vois sept stations où les pèlerins demeurent pendant un temps, et dans chacune de ces stations ils doivent s'élever encore par un sentier tournant [1].

En suivant jusqu'au bout les spires de la route, nous voyons comment elle s'élève au sommet de la montagne. Nous voyons qu'elle aboutit à un Temple imposant, un Temple comme de marbre blanc, qui se détache rayonnant et lumineux sur l'azur de l'espace. Ce Temple est le but du pèlerinage ; ceux qui y sont entrés ont achevé leur course, du moins en ce qui concerne cette montagne-là, et s'ils y demeurent encore, c'est uniquement dans le but de venir en aide à ceux qui montent. Si nous considérons de plus près le Temple, si nous cherchons à voir comment il est construit, nous trouverons au centre un Saint des Saints, entouré de quatre enceintes circulaires et concentriques. Ces quatre enceintes sont à l'intérieur du Temple, séparées entre elles par des murailles, et pour passer de l'une à l'autre le voyageur doit franchir un portail, un portail unique dans chaque mur d'enceinte [2]. En dehors du Temple se trouve encore une cinquième enceinte,

---

1   Le pèlerinage de l'humanité dans son cycle actuel d'évolution consiste à accomplir sept fois le tour d'une chaîne de sept mondes. Sur chaque monde, son séjour est de plusieurs millions d'années, et ces séjours sont au nombre de quarante-neuf (sept mondes sur chacun desquels l'humanité repasse sept fois).
2   Ces quatre "portails" sont les quatre grandes Initiations.

l'Enceinte Extérieure, où les voyageurs sont beaucoup plus nombreux que dans le Temple même.

Nous avons donc sous les yeux un tableau de l'évolution humaine, du chemin que suit la race et du Temple qui en est le terme. Sur la route, une vaste multitude d'êtres humains qui montent, lentement, si lentement qu'ils semblent parfois, pour chaque pas en avant, faire un pas en arrière. La tendance générale de l'ensemble est ascensionnelle, mais si lente est leur marche, qu'à peine peut-on la percevoir. Cette évolution continue de la race à travers les âges semble tellement longue et tellement pénible qu'on se demande comment les pèlerins ont le courage de monter si longtemps. À suivre la race autour du mont, des millions d'années s'écoulent; des millions d'années encore se passent à suivre un seul pèlerin dans sa marche. Et nous voyons alors que ce pèlerin semble traverser une interminable succession de vies employées, toutes, à monter. Une lassitude nous gagne rien qu'à suivre du regard ces multitudes immenses qui s'élèvent si lentement, étage par étage, sur le chemin tournant. En les observant nous nous demandons: "Pourquoi donc montent-ils si lentement? Comment se fait-il que ces millions d'hommes accomplissent un si long voyage? Pourquoi leur effort est-il sans cesse tendu vers ce Temple dressé sur la cime?"

À les observer, il semble que la lenteur de leur marche provienne de ce qu'ils ne voient pas le but, de ce qu'ils ne comprennent pas la direction que suit leur race dans son voyage. Si nous considérons séparément quelques-uns d'entre eux, nous les voyons se détourner à chaque instant de la route, attirés de-ci de-là, sans détermination dans leur allure. Au lieu d'aller droit devant eux comme des gens affairés, ils errent à l'aventure semblables à des enfants qui s'écartent du chemin pour cueillir une fleur ou poursuivre un papillon. Toute leur vie semble perdue, et lorsque, surpris par la nuit, ils suspendent pour un temps leur marche, bien faible est le progrès accompli. Il ne semble pas que le développement intellectuel, quelque lent qu'il soit, lui aussi, accélère de beaucoup leur mouvement. Ceux dont l'intellect est à peine formé paraissent s'endormir après chaque jour de vie, ayant à peine dépassé l'étape du jour précédent, et ceux qui sont intellectuellement plus évolués ne marche guère plus vite, et semble gagner peu de terrain dans chaque existence. À les regarder monter ainsi le cœur se lasse, et l'on se demande pourquoi ils ne lèvent pas les yeux pour voir où leur chemin les mène.

Or il semble que l'Enceinte Extérieur du Temple, cette première enceinte où pénètrent quelques-uns de ceux qui sont en tête de l'évolution, n'ait pas comme seule voie d'accès le chemin qui tourne si longtemps autour de la montagne. Car en regardant bien nous voyons de nombreux points, sur la route en spirale, d'où l'Enceinte Extérieure peut être atteinte, atteinte par des sentiers plus courts qui ne tournent pas autour du mont, mais en gravissent directement la pente. Le pèlerin au cœur intrépide, aux membres vigoureux, peut choisir ces sentiers. Et si nous cherchons à voir comment certains parviennent à l'Enceinte Extérieure plus rapidement que leurs semblables, nous verrons qu'ils ont quitté la longue route pour faire un premier pas sur le sentier direct, du jour où, pour la première fois, un rayon émané du Temple a frappé leurs yeux. Car ce temple blanc qui couronne la cime projette des rayons de lumières sur la pente du mont. De temps à autre un voyageur détourne son regard des papillons et des cailloux du chemin, et le rayon de lumière semble frapper ses yeux. Il lève la tête vers le Temple, il le voit un instant, et après cette première vision, jamais plus cet homme n'est entièrement semblable à ce qu'il était auparavant. Ne fût-ce qu'un instant, il a reconnu un but et une fin, et il a entrevu le sommet vers lequel il monte, et le sentier abrupt, mais tellement plus court, qui escalade directement la pente au sommet de laquelle le Temple rayonne.

Et dans cet instant où l'âme reconnaît le but à atteindre, dans cet instant où elle comprend, en un éclair d'intuition, qu'au lieu de la longue route qui non seulement contourne la montagne mais s'enroule encore sur elle-même, il est un sentier direct conduisant au terme, — dans ce fugitif instant d'illumination, l'âme comprend en outre que le sentier a un nom qui est *Service*, et que tous ceux qui abordent cette voie directe doivent y entrer par une porte où brille en lettres d'or l'inscription: *Service de l'homme*. L'âme que nous observons a dès lors compris qu'avant de pouvoir atteindre même l'Enceinte Extérieure du Temple, il lui faut franchir cette porte, et se rendre compte de ceci: Que la vie est destinée au service, et non à la satisfaction des désirs égoïstes, et que le seul moyen de monter plus vite consiste à monter dans l'intérêt de ceux-là qui s'attardent, afin que du Temple, puisse être donnée aux pèlerins de la longue route une aide plus efficace qu'ils n'en pourraient recevoir autrement.

Ainsi que je l'ai dit, ce n'est là qu'un éclair, une vision fugitive qui s'évanouit aussitôt, car l'oeil n'a fait qu'être frappé par un des rayons de lumière qui descendent du mont. Et tout au long de la route en lacets gisent épars, tant d'objets attrayants, que le regard de l'âme en est facilement captivé à nouveau. Mais la lumière une fois aperçue, il est toujours plus facile de la revoir. Le but à atteindre une fois entrevu, et le devoir et le pouvoir du service une fois compris, ne fût-ce qu'en une intuition passagère, il reste au fond de l'âme un désir de gravir ce sentier plus court, et de trouver la voie qui monte tout droit vers l'Enceinte Extérieure du Temple.

Après cette première vision, la lueur se renouvelle de temps en temps. Elle se renouvelle d'un jour à l'autre de la longue ascension, plus brillante peut-être à chaque renouvellement. Et nous voyons ces âmes commencer à monter avec plus de constance que leurs semblables. Bien qu'elles tournent encore autour de la montagne, elles s'adonnent d'une manière plus suivie à la pratique des vertus, et se consacrent avec plus de persistance à la Religion, à la Religion qui s'efforce de leur montrer comment elles peuvent atteindre enfin le Temple.

Les âmes qui ont entrevu cette fin possible et se sentent plus ou moins attirées vers le sentier qui y conduit, se distinguent donc de leurs semblables par leur diligence et leur attention, et passent bientôt en tête de l'immense multitude éparpillée sur la route. Elles voyagent plus vite parce qu'il y a plus de résolution dans leur marche, parce qu'elles commencent à comprendre la direction qu'elles suivent; d'où leurs efforts, d'abord bien imparfaits, pour marcher, c'est-à-dire *vivre*, dans un but déterminé. Et bien que comprenant encore à peine ce que sera en fin de compte ce but (car elles en ont une vague intuition plutôt qu'une compréhension nette), elles cessent néanmoins d'errer à l'aventure, reperdant le lendemain ce qu'elles ont gagné la veille. Elles montent désormais d'une manière continue sur la route tournante, et chaque jour de vie les voit monter un peu plus vite, jusqu'à ce qu'elles aient pris sur les multitudes une avance décisive par la spiritualité de leur vie, la pratique des vertus et le désir croissant de venir en aide à leurs semblables. Ces âmes, bien qu'encore sur la route tournante, accélèrent donc leur marche vers le sommet et commencent plus nettement à s'évertuer. Elles s'efforcent d'aider leurs semblables, et tendent une main secourable aux êtres qui les entourent afin de les entraîner plus rapidement sur la voie.

Bientôt, tandis qu'elles s'avancent escortées par les âmes qu'elles aiment et qu'elles aident, voici venir à leur rencontre une forme admirablement belle, bien que d'aspect sévère au premier abord. Elle commence à leur parler tout bas d'un chemin plus court, et à leur indiquer les conditions d'un progrès rapide. Nous savons que cette forme se nomme Connaissance. Elle est en quelque sorte la sœur des deux autres influences secourables dont nous avons déjà parlé, et qui sont le

Service de l'homme, et la Religion auxiliaire des âmes dans la pratique de la vertu. Toutes trois ensemble guident les pas de l'âme jusqu'à ce qu'enfin se lève une aube plus lumineuse avec une plus entière compréhension. Et vous voyez alors que cette âme commence à se faire une idée nette du but de son ascension. Elle ne se contente plus de rêver d'avenir, mais elle cherche à faire de ce rêve le but défini de ses efforts, elle reconnaît le Service comme loi de la vie.

Voici maintenant qu'obéissant à un mouvement spontané, l'âme profère à mi-voix une promesse sincère d'aider au progrès de la race. C'est là son premier vœu, le vœu de se consacrer un jour au service de l'humanité. Sans être encore un vœu de plein propos, il implique cependant la promesse d'un tel vœu pour un temps à venir. Il est écrit dans un Saint Livre qu'un des Grands Êtres, qui suivit la voie plus brève et gravit le sentier ardu, et qui la gravit même si rapidement qu'il laissa derrière lui toute sa race et se trouva seul en avant, gage de l'humanité future, semblable aux prémices de la récolte ; — il est écrit de Celui qui, dans un âge plus récent, fut connu sous le nom de Bouddha "qu'il parfit Son vœu de Kalpa en Kalpa". Car l'accomplissement qui allait couronner Sa vie devait commencer par la promesse du service. Ce premier vœu de l'âme la rattache aux Grands Êtres qui l'ont précédés, et forge en quelque sorte le lien qui l'attire au sentier de l'épreuve, au sentier qui la conduira jusqu'à l'Enceinte Extérieure, et à travers cette Enceinte jusqu'au seuil du Temple même.

Après mainte et mainte vie de travail et d'effort, devenue plus pure, plus noble, plus sage de vie en vie, l'âme profère enfin clairement et distinctement sa volonté maintenant puissante. Et lorsque cette volonté s'annonce comme une décision nette et précise, non plus comme un murmure qui aspire mais comme un verbe qui ordonne, cette volonté résolue frappe au portail de l'Enceinte Extérieure, et le coup qu'elle frappe, nul ne peut le méconnaître, car il exprime la force d'une âme décidée à vaincre, d'une âme assez instruite en outre pour comprendre l'immensité de la tâche qu'elle entreprend. Car, parvenue maintenant au seuil de cette première enceinte, l'âme sait ce qu'elle s'efforce d'accomplir ; elle conçoit combien formidable est la difficulté qui l'attend. Sortir de sa race, voilà ce qu'elle propose, sortir de cette race qui va continuer à monter en tournant sans cesse autour du mont pendant des âges sans nombre, passant d'un monde à l'autre, autour de ce que nous appelons la chaîne planétaire, passant et repassant autour de cette chaîne jusqu'à satiété. L'âme intrépide qui frappe maintenant au portail extérieur veut escalader cette même montagne en quelques brèves vies humaines; elle veut gravir pas à pas, affrontant les pentes les plus ardues, le sentier qui la conduira droit au Saint des Saints. En un espace de temps qui sera mesuré par un petit nombre de vies : elle a l'intention d'accomplir ce qui exigera pour la race des myriades d'existences — tâche si formidable qu'à la considérer, un vertige s'empare du cerveau, tâche si puissante, que de l'âme qui l'entreprend on peut presque dire qu'elle a commencé à se rendre compte de sa propre divinité, de la Toute-puissance qui gît latente en elle. Car c'est assurément une tâche digne d'un Dieu, que d'achever en quelques vies, à partir du point où la race en est actuellement de son évolution, ce que l'ensemble de cette race accomplira non seulement pendant le restant de son séjour sur ce globe, mais dans les "rondes [3]" encore à venir. L'accomplissement d'une telle tâche indique clairement que la Puissance Divine est en voie de se parfaire au sein de la forme humaine.

Ainsi l'âme frappe à la porte, la porte s'ouvre pour la laisser passer, et elle pénètre dans l'Enceinte Extérieure. Il lui faut maintenant cheminer à travers cette Enceinte, et la traverser pas à pas jusqu'au seuil du premier portail conduisant au Sanctuaire même, du premier de ces quatre portails qui représentent, cha-

---

[3]   Une "ronde" désigne un tour entier de la chaîne planétaire.

cun, une des grandes Initiations. Ce seuil, nulle âme ne peut le franchir si elle ne s'est à tout jamais vouée à l'Éternel, et si elle n'a cessé de s'intéresser aux choses éphémères qui l'entourent ici-bas. Car une fois franchi le seuil du Temple, jamais l'âme n'en sortira. À travers ce premier portail des Enceintes Intérieures qui conduisent au Saint des Saints, l'âme passe pour n'en plus revenir. Elle a choisi sa part pour tous les siècles futurs, elle a pénétré au lieu d'où nul ne sort quand une fois il y est entré. C'est donc au sein du Temple même que se trouve la première grande Initiation. Mais l'âme dont nous suivons la marche commence seulement à s'y préparer. Dans l'Enceinte Extérieure elle s'apprête à gravir, pendant les vies qui vont suivre, les sept marches aboutissant au premier portail. Arrivée là, elle attendra qu'il lui soit permis de franchir le seuil du Temple même.

Quelle sera donc sa tâche dans l'Enceinte Extérieure ? Quel genre de vie faudra-t-il qu'elle mène pendant les existences qu'elle y passera, afin de se rendre digne de frapper à la porte du Temple ? Tel est le sujet qui nous attend ; pour vous l'exposez je ne ménagerai pas mes efforts, dussé-je n'en trouver qu'un ou deux, parmi vous, capables d'en profiter réellement. Car je ne le sais que trop, ô mes frères et mes sœurs, dans ma description de l'Enceinte Extérieure il se trouvera mainte chose dure et peu attrayante à votre goût. Grande est déjà la difficulté pour qui veut seulement trouver le chemin de cette enceinte, pénible est l'effort qu'exige la pratique de la religion et des vertus qui permettent à l'âme de frapper simplement à la porte de ce degré extérieur, de cette Enceinte Extérieure entourant le temple ; aussi ceux qui y pénètrent ont-ils déjà dans leur passé accompli de grands progrès. Il y en aura donc probablement, certainement même, parmi vous, pour qui le genre de vie qu'il me faudra décrire n'aura guère d'attrait, car peu d'hommes ont reconnu le but et la raison d'être de leur existence. Ceux-là seuls, retenez-le bien, se trouvent dans l'Enceinte Extérieure, qui se sont consacrés définitivement au service. Ils ont tout donné, sans demander en retour d'autre privilège que celui de servir, Ils ont reconnu nettement le caractère transitoire des choses terrestres, et ont hardiment embrassé la tâche qu'ils veulent accomplir. Ils ont tourné le dos aux sentiers fleuris qui s'enlacent aux flancs de la montagne, et sont fermement décidés à monter tout droit, quoi qu'il puisse leur en coûter, quelque pénible que puisse être la tension à subir dans les rapides existences qui vont se succéder pour eux. Il y aura de l'effort, beaucoup d'effort dans l'Enceinte Extérieure, car c'est un lieu où bien des choses seront à faire en peu de temps.

Les subdivisions établies dans mon sujet sont arbitraires, et ne forment pas des degrés successifs dans la traversée de l'Enceinte Extérieure. Toutes ces subdivisions doivent être envisagées simultanément, et le travail dans chacune doit être continuel. C'est un entraînement simultané, et je ne l'ai subdivisé que pour la clarté de l'exposé. J'ai donné à ces subdivisons les noms suivants : *La Purification*, *L'Entraînement mental*, *La Construction du caractère*, *L'Alchimie Spirituelle* et *Sur le seuil*. Encore une fois, ces subdivisions du travail ne doivent pas être considérées séparément. Toutes ces choses doivent être entreprises en même temps, d'un effort longuement soutenu ; et l'âme parvenue dans l'Enceinte Extérieure s'atèle à la tâche pendant toute la durée de chacune des vies qu'elle y passe. Ce sont là les devoirs qu'elle doit achever, du moins en partie, avant d'oser se présenter à la porte même du Temple. Si je prends ces devoirs un à un, c'est afin de les faire mieux comprendre. Je veux que vous compreniez en outre que l'âme, pour atteindre le seuil de la Première Initiation, n'a pas besoin d'avoir accompli totalement chacune de ces tâches. Mais elle doit les avoir accomplies partiellement, elle doit être occupée à y travailler avec succès, elle doit avoir compris l'œuvre à réaliser et s'y être consacrée avec zèle. Lorsque l'œuvre sera parfaite, l'âme aura pénétré dans le Saint des Saints.

La tâche qui s'impose à l'âme dans l'Enceinte Extérieure comprend donc avant tout la Purification, la purification de la nature inférieure jusqu'à la faire vibrer, dans toutes ses parties, en harmonie parfaite avec la nature supérieure. Il faut amener à l'état de pureté tout ce qui appartient à la partie temporaire de l'homme, à ce que nous appelons la personnalité, et à cet assemblage de qualités et de caractéristiques dépourvues d'individualité permanente, et rassemblées autour de lui par l'Individu véritable au cours de chacune de ses innombrables existences. (J'entends parler ici des qualités et attributs extérieurs qui entourent l'âme, de tous ces vêtements dont elle se recouvre, et qu'elle conserve souvent avec elle d'une vie à l'autre ; de tout ce qu'elle retrouve lorsqu'elle descend en incarnation, de tout ce que l'individualité permanente rassemble autour d'elle pendant sa vie terrestre afin d'en extraire l'essence et de l'assimiler à son Identité éternellement progressive).

M. Sinnett se sert d'une phrase qui dépeint très exactement la situation de l'âme au moment où nous l'envisageons ici, de l'âme qui vient d'entrer délibérément dans l'Enceinte Extérieure, et se rend compte du travail à accomplir. L'Âme, dit-il, "devient vassale du Soi Supérieur", — expression fort utile si on la comprend bien. Elle implique la décision nette du renoncement à tout ce qui est temporaire, à tout ce qui appartient au "moi" inférieur. Toutes les vies qui seront vécues désormais en ce bas monde seront consacrées exclusivement à rassembler les matériaux utiles, pour les transmettre à l'Égo Supérieur qui croît et se développe à l'aide de ce que l'inférieur rassemble. Le "moi" inférieur, comprenant son unité essentielle avec cette Identité plus haute qui domine, comprenant que sa seule raison d'être, en ce monde, consiste à y venir comme l'instrument temporaire d'activité destiné à rassembler ce dont le "Soi" permanent a besoin, — le "moi" inférieur, dis-je, décide que toute sa vie ici-bas sera consacrée à ce service. Il conçoit que le but de sa vie est exclusivement de récolter des matériaux qui seront rapportés ensuite au "Soi", essence réelle de son être, et qui contribueront à la croissance de l'Individualité permanente, plus haute que la personnalité d'une seule vie.

"Devenir vassale du Soi Supérieur" signifie donc, pour le "moi" inférieur, reconnaître l'obligation de servir son maître, vivre désormais non plus pour soi-même, mais pour le service de ce qui est éternel. On voit par-là que la vie de l'homme dans l'Enceinte Extérieure, sera toute de loyal service, et que tout son travail sera consacré à cette Identité plus haute, reconnue comme étant le "Soi" véritable qui persiste à travers les âges, et dois s'épanouir en une vie de plus en plus radieuse, grâce au dévouement sincère et spontané du messager qu'il envoie dans le monde extérieur.

Dans cet ouvrage, je suppose déjà accompli tout le travail que les grandes Écritures du monde considèrent comme préparatoire à la recherche effective de l'âme. Vous vous souviendrez peut-être d'avoir lu, dans un des Upanishads, que l'homme désireux de trouver son âme doit avant toute chose "quitter les chemins de la perversité". Ceci, l'âme que nous considérons l'a déjà fait avant d'entrer dans l'Enceinte Extérieure. Car ceux qui y pénètrent ont cessé d'être exposés aux tentations les plus communes de la vie terrestre ; ils les ont dépassées. Aussi, lorsqu'arrive pour eux l'incarnation qui les verra entrer dans cette Enceinte, ils se sont tout au moins détournés des "chemins de la perversité", et ont cessé d'y marcher avec plaisir. Si par hasard nous les trouvons sur de tels chemins, c'est par suite d'une chute imprévue, immédiatement réparée. Ils sont venus au monde avec une conscience qui se refuse au mal lorsque l'occasion du bien se présente d'abord. Et bien que cette conscience, dont l'expérience n'est pas encore parfaite, puisse s'être trompée parfois dans son choix avant de pénétrer dans l'Enceinte Extérieure et même après y être entrée, elle est néanmoins ardemment désireuse de choisir le bien en toute occasion. Le "moi" inférieur n'est plus capable d'enfreindre délibérément ses ordres, car quiconque agit ainsi n'est jamais entré dans cette Enceinte et est encore bien loin d'y parvenir. Les âmes qui y sont admises ont tout au moins choisi de s'efforcer vers le bien, elles sont désireuses d'obéir à cette voix qui leur en dicte l'accomplissement, et ne lui désobéiront pas consciemment. Elles viendront donc au monde ayant déjà franchi toute cette partie de la longue côte, et animées d'une volonté sincère de réaliser le bien le plus élevé qu'elles pourront concevoir.

L'âme aura désormais à lutter contre des tentations plus subtiles, les tentations qui l'attendent dans l'Enceinte Extérieure. Ce ne sont pas les tentations grossières du monde, mais les tentations plus profondes, plus pénétrantes, qui viennent assaillir l'âme alors qu'elle doit passer si rapidement à travers une succession de vies, alors qu'elle doit escalader si précipitamment le flanc de la grande montagne. Elle n'a plus le temps de louvoyer devant la tentation, de se bâtir lentement des vertus. Dès l'instant où elle entre, ne fût-ce que dans cette simple Enceinte Extérieure du Temple, elle se voit forcée d'avancer sans trêve ni repos, de gravir la côte sans interruption. Et là, elle est assaillie de tous côtés par des difficultés intellectuelles et des tentations intellectuelles, par l'ambition, par l'orgueil intellectuel, par la tentation d'être fière de ce qu'elle a pu rassembler et de tenir pour son propre compte toute les réalisations accomplies. Outre cet assaut redoutable de l'ambition, outre cet accaparement de l'orgueilleuse nature humaine qui voudrait tout garder, qui voudrait bâtir un mur entre elle-même et ses inférieurs, l'âme éprouvera le désir de savoir, de savoir pour son propre compte, de savoir, afin de posséder et de tenir sa science plutôt contre le monde que pour lui. Cette tentation se dissimule sous le masque de l'amour de la science pour elle-même, de l'amour de la vérité pour elle-même ; et souvent l'âme découvre, à mesure que sa vue s'éclaircit et devient plus pénétrante, que ce prétendu amour désintéressé n'est au fond que le désir d'être séparée de ses semblables, de posséder ce qu'ils n'ont pas, et de jouir de biens qui ne leur sont pas donnés en partage. La séparativité, l'orgueil de la séparativité, le désir d'être à part, de croître, d'apprendre et d'accomplir afin de posséder, — voilà un des plus terribles dangers qui menacent l'âme en sa croissance. C'est là une des tentations qui l'attendent alors qu'elle a franchi la porte de l'Enceinte Extérieure. Car elle verra le savoir à sa portée et sera désireuse de l'acquérir, elle verra le pouvoir à sa portée et sera désireuse de le posséder, et cela, non pas exclusivement pour l'amour du service, mais aussi en partie parce que ces attributs la rendront elle-même plus grande. L'âme se sent donc poussée à bâtir un mur autour d'elle afin de conserver le bénéfice des réalisations accomplies.

Mais bientôt l'âme commence à comprendre que si elle veut achever un jour la traversée de cette Enceinte Extérieure et atteindre le portail qui brille au-delà, elle doit se défaire de toute cette ambition intellectuelle, de tout cet orgueil intellectuel, de tout ce désir d'acquérir la connaissance pour son propre compte, de toutes les choses, en un mot, qui la séparent des autres âmes, ses sœurs. Elle commence dès lors à purifier sa nature intellectuelle, à scruter les motifs qui la poussent à l'effort, les motifs qui la poussent à l'action. Elle commence à s'examiner scrupuleusement à la Lumière de la Vie Spirituelle qui brille au sein du Temple et illumine de ses rayons l'Enceinte Extérieure. Sous l'action de cette Lumière toutes les ombres paraissent s'obscurcir, et l'âme s'aperçoit que les choses qui dans le monde inférieur semblent briller ne sont en réalité que des ombres et n'ont point en elles de vraie Lumière. Alors l'âme comprend que la "nature du désir" qu'elle apporte avec elle, mélangée à sa nature intellectuelle, doit être purifiée de toute souillure du "moi" personnel. Elle commence résolument cette œuvre de purification, elle se met au travail délibérément, consciencieusement, d'un effort soutenu, pour se purifier de tout ce qui cherche à prendre au profit du centre personnel, de tout ce qui la sépare, en quelque manière que ce soit, de ceux d'en bas qui la suivent comme de Ceux d'En haut qui l'ont précédée. Voici en effet ce que l'âme apprend et c'est là une des grandes leçons de l'Enceinte Extérieure : Si elle veut voir s'ouvrir un jour pour elle les portes qui la séparent du Temple, il faut qu'elle renverse les murailles qui la séparent de ses frères d'en bas. Alors seulement se dissiperont, comme spontanément absorbés, les murs qui la séparent de Ceux d'En haut. Car ce portail qu'il faut franchir ne s'ouvrira, devant l'homme qui demande l'entrée, que s'il brise les murailles de sa propre nature, et consent à partager avec tous le fruit de ses efforts.

Il commence donc l'œuvre de la purification des désirs, et prend en main son "moi" inférieur afin d'en effacer toute souillure de personnalité. Comment se purifiera-t-il ? Il ne doit rien détruire, car ce qu'il a rassemblé au cours de son pèlerinage, c'est de l'expérience, et l'expérience a été assimilée en facultés et transmuée en puissance ; et maintenant qu'il a besoin de toute sa puissance, il serait maladroit de la détruire. Il doit donc se présenter avec toutes ses énergies, et avec ses énergies, purifiées, non impures. Mais pour les purifier, comment s'y prendre ? Détruire serait tellement plus facile. Supprimer quelques-unes de ces qualités qu'il possède serait pour sa patience une épreuve moins dure. Il lui semble qu'il aurait plaisir à les frapper, à les annihiler afin d'en être quitte une fois pour toutes.

Mais ce n'est pas ainsi qu'on peut entrer au Temple. Il faut y apporter comme offrande initiale tout ce qui a été rassemblé dans le passé, tout ce qui a été transformé en puissance et en faculté ; c'est là le sacrifice qui doit être offert au seuil même de l'Initiation. Impossible d'y entrer les mains vides. L'aspirant doit apporter, intacte, toute la moisson récoltée dans sa vie inférieure. La destruction n'étant pas permise, reste à entreprendre la tâche plus ardue de la purification, conserver l'essence de toutes les qualités, et en même temps éliminer tout ce qu'elles ont de personnel. Toutes les leçons qu'ont enseignées à l'homme la vertu et le vice constituent la somme d'expérience cueillie dans le passé de son pèlerinage. Il conservera l'essence de chaque qualité, car c'est là le fruit de toute son ascension, mais il la présentera à l'autel semblable à un or pur où nulle gangue ne se mêle.

Considérons séparément une ou deux de ces qualités afin de voir clairement ce qu'il faut entendre par la purification. La méthode une fois comprise dans son application à une ou deux qualités distinctes, vous pourrez à loisir, en y réfléchissant, déterminer son application aux autres cas. Et c'est une leçon importante entre toutes, que d'apprendre cette méthode de la purification.

I. — LA PURIFICATION

Laissez-moi vous parler d'abord d'une force puissante qui existe en tout être humain. Elle s'est manifestée dans les stades primitifs de notre croissance, elle nous a suivis dans notre évolution, et voici que le moment arrive où elle doit subir la purification finale. Cette force est, à son plus bas degré, ce que nous appelons *la colère*, l'indignation, puissance énorme qui se développe chez l'homme, grâce à laquelle il fait sa trouée dans le monde et surmonte parfois toutes les difficultés, énergie terrible de l'âme, qui fait irruption à travers la nature inférieure et se fraye un chemin en brisant tous les obstacles. La colère est une énergie indisciplinée et par suite destructive, dans les premiers stades de la croissance de l'homme, alors qu'il n'a pas encore appris à la maîtriser et à la guider. Elle est une force terrible, mais par le fait même qu'elle est une force il faut reconnaître sa valeur, quelque destructive que son opération puisse être dans le monde inférieur.

Avant de pénétrer dans l'Enceinte Extérieure, l'homme a grandement modifié cette énergie de son âme. Il l'a transformée en vertu, en une vertu très réelle, qu'il a déjà longtemps cultivée dans le monde extérieur. Depuis sa transformation en vertu, elle se nomme noble indignation, révolte contre l'injustice, haine de tout ce qui est mal, de tout ce qui est bas, vil, cruel. Et sous ces multiples formes d'énergie destructive elle a noblement servi son maître dans le monde. Car, avant d'entrer encore dans l'Enceinte Extérieure, cet homme a travaillé pour le monde, il a pratiqué cette vertu. En ce temps-là, la cruauté envers les faibles faisait éclater la colère, l'injustice d'un tyran soulevait son indignation. En pratiquant cette vertu, il a purifié la force d'une grande partie de sa gangue ; car, dans ses expériences toutes primitives, sa colère était de la colère pour lui-même. Il s'irritait lorsqu'on lui faisait du tort à lui-même, il ripostait lorsqu'on le frappait lui-même. Mais voici déjà longtemps qu'il a vaincu cette simple colère brutale de la nature inférieure qui se défend par sa force destructive, qui rend le mal pour le mal et la haine pour la haine. Bien avant d'entrer dans l'Enceinte Extérieure il a dépassé ce stade primitif, et a appris à transformer jusqu'à un certain point cette force de colère. Il l'a purifiée dans une large mesure de l'élément personnel, il a pris l'habitude de s'irriter plutôt pour des torts infligés aux autres que pour les torts subis par lui-même, de s'indigner bien moins de ses propres malheurs que de ceux d'autrui. Lorsqu'il voyait un être cruel fouler aux pieds une créature impuissante, il s'élançait au secours du faible, il frappait l'oppresseur et l'écartait violemment. C'est ainsi qu'il s'est servi de la colère plus élevée pour vaincre la colère plus basse, c'est ainsi qu'il s'est servi d'une passion plus noble pour tuer la passion plus brutale de sa vie inférieure. Dans ces existences d'un passé déjà lointain, l'homme a donc appris à éliminer de sa colère les éléments grossiers, au point de ne plus s'irriter pour lui-même, mais seulement pour ceux qu'il désirait aider. Car l'âme que nous considérons, souvenez-vous en, a déjà longtemps reconnu le service comme un devoir, et l'une des formes de son service a été d'abattre les oppresseurs, de chasser ceux qui infligeaient la souffrance. Sa colère ardente s'est élevée contre toutes les formes du mal, il a travaillé pour les faibles, et a peut-être fait œuvre de héros dans le monde.

Mais dans l'atmosphère plus calme de l'Enceinte du Temple, illuminée par la Lumière d'absolue compassion qui rayonne du Saint des Saints, la colère, même purifiée de tout antagonisme personnel, ne peut trouver de place. Car l'aspirant doit maintenant apprendre que ceux qui font le mal sont, eux aussi, ses frères, et qu'ils souffrent plus profondément en conséquence de leurs propres méfaits que ceux-là même à qui les souffrances sont infligées. Il doit apprendre que cette noble indignation, cette passion contre le mal, cette ardeur destructive contre une tyrannie n'atteignant que les autres, ne sont plus les caractéristiques de l'âme qui s'efforce vers l'Être divin. Car la Vie Divine aime tous les enfants qu'Elle envoie dans le monde, quelque position qu'ils occupent, quelque inférieur que puisse être leur degré d'évolution. Nulle chose ne peut être en dehors de l'Amour Divin qui a engendré toutes choses. La Vie Divine est le centre même de tout ce qui existe, et Dieu est également présent dans le cœur du malfaiteur et dans le cœur du saint. Dans l'Enceinte Extérieure le Divin doit être reconnu, quelque épais que soient les nuages qui le couvrent encore, car il faut que les yeux de l'Esprit soient ouverts, et qu'aucun voile ne les sépare plus du "Soi" des autres. Voilà pourquoi cette noble indignation doit être purifiée jusqu'à ne plus contenir rien qui soit colère, transformée en une force auxiliatrice secourable envers toute chose et n'excluant rien. Cette grande énergie de l'âme doit devenir absolument pure, elle doit travailler pour le bien du tyran comme de l'esclave, elle doit embrasser dans les limites de sa compassion l'oppresseur en même temps que l'opprimé. Les Sauveurs de l'Humanité ne choisissent pas ceux qui Leur plaisent de servir. Leur service n'admet aucune distinction. Ceux qui sont les serviteurs de tous n'ont de haine pour aucun être dans l'univers entier. Ce qui était autrefois colère, devient, par la purification, protection pour le faible, opposition impersonnelle envers la perversité profonde, justice parfaite envers tous.

Ce que l'homme fait pour la colère, il doit l'accomplir aussi pour l'*amour*. L'amour s'est manifesté pour la première fois, au début de la croissance humaine, sous son aspect le plus bas et le plus mesquin. Il a pu revêtir des formes impures et viles, telles le désir qui se porte aveuglément vers un autre être, et qui, dans sa soif d'assouvissement, ne s'inquiète même pas de ce qui peut advenir de l'être ainsi "aimé". Avec la croissance de l'âme, l'amour a changé de caractère, il est devenu plus noble, moins égoïste, moins personnel, jusqu'à s'attacher, chez l'être aimé, aux éléments supérieurs de la nature humaine et non à l'enveloppe extérieure. L'amour primitivement sensuel s'est donc moralisé et purifié. Mais dans l'Enceinte Extérieure du Temple, il doit devenir plus pur encore. Il faut que le candidat apporte avec lui l'amour débarrassé de son caractère exclusif, l'amour dont la flamme brûle sans cesse plus ardente, et qui répand en même temps sa chaleur de plus en plus loin, l'amour, en un mot, purifié de tout ce qui a rapport à la nature inférieure. Un tel amour, en se portant vers les autres, cherchera toujours à les servir, et non à se servir soi-même ; il se demandera combien il peut donner, et ne s'inquiètera pas de ce qu'il peut recevoir. Cet amour-là sera en voie de devenir divin en son essence, car il se prodiguera selon la mesure du besoin et non selon la richesse du retour.

Pendant que l'âme s'efforce ainsi vers la purification, en travaillant de toute son énergie au service de l'humanité, elle devra se soumettre elle-même à un contrôle de tous les instants. L'impersonnalité sera "l'épée Ithuriel [4]", la pierre de touche qu'elle appliquera à tous ses actes ; et elle observera impartialement ce qui surgit au contact de l'épée magique. Lorsqu'elle rend un service, lorsqu'elle accomplit une action qu'elle juge bonne pour l'humanité, elle doit scruter attentivement l'acte et le motif, afin de savoir si le poison subtil du "moi" ne se mélange pas à la force dépensée. Si l'âme découvre alors qu'elle cherche moins le succès de l'œuvre que le succès de l'ouvrier ; si, voyant réussir aux mains d'un autre une entreprise qu'elle-même n'a pu mener à bien, une certaine amertume se mêle à sa joie de voir l'œuvre accomplie ; — alors elle sait que sa personnalité subsiste encore, car si elle était ce qu'elle devrait être, elle ne s'inquiéterait que du triomphe du service, et n'aurait cure d'y avoir elle-même contribué. Et si elle découvre qu'un échec personnel fait naître en elle une pointe de déception, si du manque de succès de son énergie émise il lui revient une certaine dépression, un certain découragement, un "je ne sais quoi" qui trouble un instant sa paix et sa sérénité, alors elle

---

4   Épée magique dont le contact dissipait l'illusion, et obligeait toute chose à se montrer sous sa forme véritable.

se rend compte que cette amertume et ce trouble révèlent un élément de sa personnalité qui demande à être détruit, et elle se met résolument à l'œuvre pour éliminer cette faiblesse, pour dissiper ce nuage qui obscurcit encore sa vue. Si d'autre part, analysant et mettant à l'épreuve son amour, l'âme trouve qu'il y a là aussi un sentiment de froid, une pointe de déception lorsque l'être aimé reste indifférent à ce qu'il reçoit, bien qu'il est été noblement servi et profondément aimé ; si le rayonnement d'amour tend à se replier sur lui-même, à arrêter son cours parce que les êtres aimés n'aiment pas en retour, alors encore cette âme — aussi dure envers elle-même qu'elle est compatissante envers toutes les autres — comprend qu'en cela aussi l'arôme subtil de la personnalité subsiste, qu'elle travaille encore en partie pour elle-même au lieu de trouver sa plus haute joie dans la simple gloire de l'effusion. Cette âme qui traverse l'Enceinte Extérieure du Temple se remet alors à l'œuvre pour se purifier de ce restant de personnalité jusqu'au jour où son amour rayonne sans jamais se demander s'il recevra en retour, sans jamais attendre pour voir si une réponse lui sera donnée. Car elle sait qu'en vérité le plus grand besoin d'amour existe là où il n'y a point d'amour à rendre, et que les âmes qui ont le plus de droit à la charité sont celles qui ne peuvent rien donner encore à l'amour qui les aide.

Ainsi l'âme travaille résolument à sa croissance, elle s'élabore elle-même avec fermeté, purifiant sans cesse sa nature inférieure par un effort continuel et une exigence insatiable. Car toujours elle se compare, non pas aux petits qui sont au-dessous d'elle, mais aux Grands Êtres qui sont au-dessus ; toujours elle lève les yeux vers Ceux-là qui ont achevé la tâche, au lieu de les baisser sur la foule qui monte encore vers l'Enceinte Extérieure. Elle ne s'accorde pas un instant de repos, elle ne peut trouver le moindre contentement, jusqu'au jour où elle voit le but approcher à grands pas, jusqu'au jour où elle sent en elle-même un moins grand obstacle au passage de la Lumière des Saints Êtres qui sont devenus divins.

Dans cette Enceinte Extérieure, l'homme est tenté par ses vertus, non par ses vices. Des tentations subtiles viennent assaillir sa nature et lui apparaissent comme des anges de lumière. Constamment elles sont tentées, ces âmes qui montent, par ce qu'il y a en elles de plus grand, de plus noble. L'ennemi s'empare de leurs vertus, et profite de leur ignorance pour les transformer en tentations. Car ces âmes-là ont dépassé le point où le vice peut les atteindre ou les tenter, et ce n'est qu'en s'affublant du masque de la vertu que l'illusion peut espérer les détourner encore du chemin. Voilà pourquoi elles apprennent à être si dures envers elles-mêmes, voilà pourquoi elles se harcèlent d'incessantes exigences. Elles ne savent que trop bien, par leurs propres chutes et celles de leurs compagnes, que les vertus les plus difficiles à atteindre dans le monde deviennent d'une pratique aisée dans l'Enceinte Extérieure, et que ces vertus sont alors, en quelque sorte, dérobées par l'ennemi, et transformées en tentations pour faire trébucher le néophyte sur le sentier ardu. Voilà comment ces âmes apprennent que l'unique moyen de salut pour elles consiste à vivre toujours à la Lumière du Soi Supérieur; voilà comment se forme en elles la conviction que jamais elles n'oseront se présenter à la Porte du Temple, tant que cette Lumière ne brillera pas, radieuse, dans leur cœur. C'est pourquoi, jour et nuit, elles travaillent à se rendre absolument diaphanes. Comment oseront-elles, en effet, pénétrer dans une Lumière aux rayons de laquelle tout ce qui paraît lumineux ici-bas n'est qu'ombre; comment oseront-elles pénétrer dans une lumière si éblouissante que nul oeil impur ne peut la contempler, dans une lumière qui révèle l'imperfection de tout ce que nous appelons vertu, la laideur et la platitude de tout ce que nous nommons beauté; comment oseront-elles, en un mot, pénétrer dans le Temple où le regard du Maître se posera sur elles, et où elles se tiendront l'âme nue en Sa présence; comment oseront-elles rester en un tel lieu s'il subsiste en leur cœur une seule tache d'imperfection, si le Maître, en sondant leur cœur, y doit trouver une seule souillure qui puisse offenser la pureté de son regard ?

C'est pourquoi dans cette Enceinte Extérieure les épreuves que le monde juge pénibles se transforment en joies, et la souffrance qui purifie est accueillie à bras ouverts comme une amie. C'est pourquoi le modèle de tous les Yogis, Celui qu'on nomme le Grand Yogi, le Maître et le Patron de tous, se tient toujours debout au milieu du bûcher funéraire, enveloppé de flammes ardentes qui consument tout ce qui s'expose à leur contact. Car dans les cœurs de ceux qui traversent l'Enceinte Extérieure, il reste encore des replis cachés où la Lumière n'a point pénétré, et leur purification finale, avant l'entrée au Temple, vient de ces flammes vivantes du Seigneur Lui-même. Ces flammes consument tout le mal qui se cache, invisible, dans les chambres secrètes du cœur de celui qui va devenir un disciple, de celui qui s'est donné à son Seigneur et ne retient rien pour lui-même. De ce bûcher imposant, dressé à l'entrée du Temple, sortent les flammes ardentes que doit traverser tout homme avant que la Porte ne s'ouvre pour lui. C'est au travers des flammes et en elles, qu'apparaît la figure du Grand Yogi de qui ces flammes procèdent, empruntant à Sa glorieuse Présence leur vertu purificatrice. C'est de Lui, le Suprême Gourou, que vient pour le disciple la purification finale. Puis l'âme franchit la Porte qui la sépare à jamais de tous les intérêts du monde inférieur, sauf celui du service, qui la sépare à jamais de tout désir humain, sauf en tant qu'elle travaille à la Rédemption de l'Humanité. Il ne reste plus rien sur terre qui puisse l'attirer, car elle a vu la Face de son Dieu, et devant une telle Splendeur toute autre lumière s'efface.

L'Entraînement Mental

II

L'Entraînement Mental

Dans cette deuxième partie de mon sujet, vous constaterez peut-être une différence plus marquée que partout ailleurs, entre la manière de voir d'un homme du monde réfléchi, bien équilibré, vertueux, et celle que l'occultiste adopte. Il faudra que je vous conduise pas à pas depuis le commencement, afin de vous montrer comment se produit ce changement de point de vue. Car c'est surtout à l'égard de l'*intelligence*, de la place qu'elle occupe dans l'être humain, du rôle qu'elle joue dans le développement de la nature humaine, des fonctions qu'elle remplit et de la manière dont elle les remplit; — c'est, dis-je, à l'égard de ces questions-là surtout que les plus grandes divergences de vues surgissent selon la position que le penseur occupe, selon l'idée qu'il se fait du monde en général et du rôle qu'il est appelé à jouer. Afin de mettre les choses au point, cherchons un moment à voir comment un homme bon, juste et intelligent, un homme qui n'est, certes, ni insouciant, ni frivole, ni mondain au sens ordinaire du mot — cherchons à voir comment un tel homme, au jugement sain, à l'intelligence équilibrée, envisagera cette question de l'empire sur son être mental.

Un homme bon, résolument attaché à un idéal de vertu qu'il s'efforce de réaliser, à un idéal de devoir qu'il s'efforce d'accomplir, un tel homme, en formulant son idéal, en méditant sur sa conception du devoir, reconnaîtra que "la nature inférieure" doit être maîtrisée; et il cherchera à lui imposer l'obéissance à la "nature supérieure". Pas le moindre doute à cet égard. Les passions et les appétits du corps, les émotions qui vous entraînent précipitamment sans réflexion ni pensée, tout ce côté de la nature humaine qui subit les influences extérieures et se manifeste par des actes inconscients et irréfléchis, sera certainement considéré par notre homme vertueux comme devant être dominé et dirigé. En langage ordinaire, le terme "maître de soi" désigne donc un homme qui exerce sur sa nature inférieure le contrôle mental dont il vient d'être question, en sorte que, chez lui, les désirs sont dominés par l'intelligence.

Observons une personne douée de ce qu'on est convenu d'appeler une volonté forte, un caractère bien formé ; caractère qui agit suivant une ligne de conduite bien déterminée, volonté qui, dans des circonstances très difficiles, parvient néanmoins à guider la nature dont elle fait partie suivant une route nettement tracée. Nous trouverons invariablement chez une telle personne un développement mental considérable, en sorte que son action n'est déterminée ni par les circonstances extérieures, ni par les attractions diverses qui peuvent l'entourer, ou par la réponse de sa nature animale à ces attractions, mais par tout un fonds d'expériences accumulées dans ce que nous appelons sa mémoire, et comprenant le souvenir d'évènements passés et la comparaison des conséquences dont ces évènements ont été suivis. L'intelligence a élaboré toutes ces expériences, elle les a en quelque sorte classées et comparées, puis elle en a tiré une conclusion déterminée, par un effort intellectuel et logique. Ce résultat est conservé par l'intelligence comme règle de conduite, et lorsque l'homme se trouve ensuite dans des circonstances troublantes, qui triompheraient d'une volonté faible et feraient dévier de la voie une personne ordinaire, son intelligence plus forte et mieux développée se guide sur cette règle de conduite formulée dans un moment de calme, à l'abri de la tentation, et ne se laisse pas détourner par l'attrait ou l'impulsion du moment. Dans vos rapports avec une telle personne, vous pouvez souvent prévoir d'avance ce qu'elle fera. Vous connaissez l'orientation dominante de sa pensée ; et vous êtes à peu près certains que ce caractère bien formé, puissant et résolu, réalisera au moment de la lutte, malgré toutes les tentations extérieures, l'idéal qu'il a conçu au temps du calme et de la réflexion.

Voilà ce que nous entendons, en général, par l'homme "maître de soi". C'est un homme parvenu dans son développement au point déjà élevé que nous venons de décrire, un homme qui s'est délibérément mis à l'œuvre pour conquérir, réfréner et diriger sa nature inférieure en sorte que, l'excitation extérieure étant à son comble, l'âme puisse rester ferme sous l'assaut de la tentation. Cet homme-là agira noblement, quelles que soient les séductions qui l'incitent à agir bassement ou à céder aux impulsions de sa nature inférieure.

Le type d'homme que nous avons considéré jusqu'à présent peut, à bon droit, être appelé vertueux. C'est un homme au caractère élevé, à la pensée nette, au jugement sain, qui n'est pas poussé de côté et d'autre à la merci des circonstances comme le sont les natures déréglées ou mal réglées. Mais il existe un stade plus élevé auquel cet homme peut parvenir. Il peut subir l'influence d'une vaste philosophie de l'existence, qui lui explique d'une manière plus complète le fonctionnement de l'intelligence humaine. Il peut entrer en rapport, par exemple, avec les enseignements sublimes de la Théosophie, qu'il les trouve exposés dans des livres anciens ou récents, qu'il les obtienne de l'Inde, de l'Égypte, de la Grèce ou de l'Europe moderne. Une telle philosophie pourra lui fournir une conception nouvelle de l'univers et modifier profondément sa manière de voir.

Supposez qu'un tel homme entre dans la Société Théosophique et qu'il en accepte les enseignements principaux. Il commencera dès lors à se rendre compte de l'influence énorme de ses pensées bien plus nettement qu'avant d'être entré dans ce courant d'études. Il commencera à comprendre que son intelligence, lorsqu'elle est active, exerce cette puissance créatrice que la plupart d'entre vous connaissent déjà. Il saura que sa pensée crée des existences, des entités déterminées, et que ce pouvoir créateur peuple à tout instant l'espace ambiant d'êtres actifs qui travaillent pour le bien ou pour le mal, et agissent fréquemment sur la pensée et sur la vie des gens avec qui leur créateur n'a jamais eu de rapports personnels. Il commencera à comprendre que, pour affecter l'esprit de ses semblables, sa pensée n'a nul besoin d'être exprimée en paroles proférées ou écrites. Elle n'a même pas besoin de s'exprimer par l'action, par exemple, pour exercer une influence puissance, en bien ou en mal. Il peut n'être qu'un homme extrêmement obscur au sens où le monde entend l'obscurité, il peut être entièrement caché aux yeux de ses semblables, il peut n'influencer directement qu'un cercle excessivement restreint de parents et d'amis qui sont en rapport direct avec lui... Et cependant il se sent possesseur d'une puissance qui surpasse en même temps celle de la parole ; il sait qu'il peut, lui, inconnu, isolé en tout ce qui concerne le monde physique, exercer une action puissante pour le bien ou pour le mal, qu'il peut être occupé à purifier les âmes de sa génération ou à les souiller, qu'il peut contribuer au progrès du monde ou lui faire obstacle, qu'il peut être employé à élever sa race ou à l'abaisser, qu'il peut, en un mot, indépendamment de la force de l'exemple et de la force du précepte, seuls moyens connus des hommes ordinaires, influencer l'esprit de son époque par ces énergies subtiles de la pensée, par ces formes agissantes qui se répandent à travers le monde des hommes, produisant des effets d'autant plus certains qu'elles travaillent sans être vues, exerçant une influence d'autant plus étendue, que leur subtilité les rend imperceptibles aux foules qu'elles affectent.

Ainsi donc, à mesure que l'homme acquiert des connaissances plus étendues, sa pensée revêt pour lui un aspect nouveau. Il commence à comprendre la responsabilité immense que le simple exercice de ses facultés mentales fait peser sur ses épaules. Il comprend que cette responsabilité s'étend bien au-delà de son horizon visuel, et qu'il participe souvent d'une manière très réelle aux crimes qui déshonorent la société dans laquelle il vit, comme aux actes d'héroïsme qui l'exaltent. Il saisit enfin ce grand principe que la responsabilité pleine et entière d'un acte n'incombe pas toujours à celui qui en est l'auteur, mais qu'au contraire tout acte est la manifestation d'une idée, son incarnation véritable, et que quiconque prend part à la génération des idées participe à la responsabilité des actes qui en découlent.

Muni de cette compréhension nouvelle et de ce sens plus large de la vie, l'homme commence à surveiller attentivement son activité mentale. Il commence à concevoir qu'il doit gouverner sa pensée ; et en ceci il se dégage nettement de la manière de voir qu'adoptait tout à l'heure notre homme du monde. Mais ce n'est pas tout. Poussant plus loin son étude, l'homme que nous observons s'aperçoit bientôt que la nature des pensées qu'il attire à lui du monde extérieur est déterminée dans une large mesure par la nature des pensées qu'il engendre lui-même. En sorte qu'il joue le rôle d'un aimant, non seulement parce qu'il rayonne des lignes de force-pensée sur toute l'aire de son champ magnétique, mais encore parce qu'il attire à lui les substances qui répondent à la force magnétique émise. Les pensées bonnes ou viles qui afflueront en son intelligence dépendront en grande partie de l'orientation imprimée à sa propre force mentale. Il commence donc à comprendre qu'en engendrant une bonne pensée, non seulement il s'acquitte d'un devoir suprême envers ses semblables, mais qu'il profite lui-même de ce qu'il donne.

C'est là ce qui arrive toujours lorsque l'homme travaille en harmonie avec la Loi Divine. Chaque fois qu'il donne au monde une noble pensée, il détermine en lui-même un centre d'attraction vers lequel d'autres pensées nobles convergent spontanément attirées en quelque sorte par une affinité magnétique. Sa propre intelligence est aidée et fortifiée par ces pensées venues du dehors. Mais à mesure qu'il réfléchit, l'homme doit reconnaître aussi, avec honte et douleur, qu'en émettant dans le monde une pensée impure il crée en sa conscience un centre analogue, qui attire de l'ambiance les pensées viles et accentue en lui la tendance au mal, comme l'expérience contraire accentuait la tendance au bien.

À mesure qu'il apprend à comprendre cette fraternité mentale qui relie tous les hommes entre eux, notre penseur modifie profondément son attitude mentale. Il sent de plus en plus vivement sa responsabilité, il reconnaît des liens de réaction mutuelle qui rayonnent en tous sens de lui-même vers les autres êtres et convergent d'eux vers lui. Et, dans sa vie de chaque jour, il commence à se préoccuper de la pensée plutôt que de l'action ; il comprend que c'est dans cette région mentale du monde invisible que sont d'abord générées toutes les forces, qui se manifestent ensuite dans la vie psychique et physique.

Parvenu dans l'Enceinte Extérieure, cet homme fera un pas de plus. Ainsi que nous l'avons vu, il gravit maintenant le sentier plus court et plus ardu qui conduit à la cime du mont, il est entré dans la période d'épreuves préparatoires à l'Initiation. Il ne lui suffit plus, comme tout à l'heure, de comprendre sa responsabilité vis-à-vis de ses semblables. Le seuil de l'Enceinte Extérieure une fois franchi, l'homme reconnaît qu'il y a derrière sa mentalité un principe plus élevé, jouant vis-à-vis d'elle le rôle qu'elle-même jouait vis-à-vis de la nature inférieure. Après avoir, au cours de sa croissance, reconnu la mentalité comme supérieure aux désirs, l'homme, en franchissant le seuil de l'Enceinte Extérieure, et même avant de l'avoir franchi (car c'est là en partie ce qui le conduit à l'entrée de l'enceinte), reconnaît qu'il s'est trompé en croyant à la suprématie définitive de l'intellect. Hier encore il se ralliait à l'opinion de ce penseur qui proclame "qu'il n'y a de grand dans le monde que l'homme et qu'il n'y a de grand dans l'homme que l'intellect". Mais aujourd'hui il reconnaît que c'est là une illusion, qu'il voyait les choses d'en bas et que sa vision était obscurcie. Ses yeux se dessillent, et il voit qu'il y a dans l'univers quelque chose de plus grand que cette mentalité qu'il prenait pour le sommet de l'échelle humaine, quelque chose de plus vaste, de plus sublime, qui brille un instant en lui, puis se voile et semble disparaître. L'homme reconnaît, d'une manière bien imparfaite, encore non par constatation directe, mais grâce à ce qu'il a pu apprendre du dehors, qu'il a eu une vision fugitive de l'Âme, qu'en son intellect a pénétré un rayon de Lumière issue d'une région plus haute, Lumière qui lui donne en même temps une impression étrange d'identité, comme si elle était en quelque sorte l'essence même de son intelligence. En sorte qu'il y aura d'abord de la confusion, il y aura comme un tâtonnement dans les ténèbres entre l'intellect d'une part, et de l'autre ce "je ne sais quoi" dont l'homme pressent la mystérieuse identité avec lui-même, bien qu'il ait cru jusqu'ici que lui-même, c'était l'intellect. Ce facteur nouveau lui semble donc être en même temps lui-même et plus grand que lui-même; et l'homme ignore tout d'abord d'où lui vient cette lueur, il ne sait si l'espoir qu'elle a fait naître en lui est un rêve ou une réalité.

Avant de pouvoir élucider clairement la question, il faudra préciser ce que nous entendons par les termes "intellect" et "Âme". Ces mots ne doivent pas être pour nous de simples fiches, des jetons sans valeur réelle. Ils doivent être comme des pièces de monnaie véritable représentant une certaine richesse mentale, un certain stock d'idée que nous possédons. Considérons donc un instant ces termes et voyons ce qu'ils signifient, ou plutôt dans quel sens je les emploierai ici. Ainsi mes explications seront claires, que vous soyez, ou non, d'accord avec ma définition des termes.

Je définis l'Âme comme le principe qui individualise l'Esprit Universel, qui concentre en un foyer unique la Lumière Universelle. L'âme peut être comparée, si l'on veut, à un réceptacle où l'Esprit se déverse, apparaissant dès lors comme séparé en manifestation, bien qu'il reste toujours universel et identique en Son essence.

Cette séparation est produite afin qu'une individualité puisse naître et se développer, et que cette vie individualisée puisse acquérir le pouvoir et le savoir sur tous les plans de l'Univers dans le monde physique et psychique comme dans le monde spirituel, sans aucune solution de continuité dans son état conscient ;

afin qu'elle puisse se fabriquer les véhicules dont elle a besoin pour acquérir la conscience sur les plans autres que le sien, et qu'elle puisse purifier graduellement ces véhicules l'un après l'autre jusqu'à ce qu'ils n'agissent plus comme des voiles opaques ou des entraves, mais comme des milieux de transmission purs et transparents, à travers lesquels toute connaissance sur chaque plan puisse être obtenue.

Mais en employant le terme "réceptacle" et l'image que ce terme suggère, je cours le risque de vous induire en erreur. La même difficulté se présente avec toutes les expressions adaptées au mécanisme mental, l'image vraie en un certain sens est toujours fausse en un autre sens. Car ce processus d'individualisation de l'Esprit ne ressemble en rien à la construction d'un vase dont la forme détermine immédiatement celle de la substance qu'on y verse. Le phénomène qui se passe réellement est plutôt analogue à la formation de quelque grand organisme cosmique, d'un système solaire, par exemple. Remontant en imagination à travers la nuit des temps, vous pouvez vous figurer l'espace où nulle chose n'est visible. Cet espace qui semble vide contient en réalité toute plénitude, mais une plénitude invisible à l'oeil. Supposez que dans ce vide apparent se forme un brouillard léger, presque trop subtil pour mériter ce nom, commencement d'agrégation qu'il n'est cependant guère possible de représenter par un terme plus exact. Puis, à mesure que vous observez, le brouillard s'épaissit, sa densité s'accroît sans cesse, et il se sépare de plus en plus nettement de l'espace ambiant. Finalement, ce qui n'était d'abord qu'une ombre imperceptible prend une forme de plus en plus nette ; la nébuleuse se condense, et ses contours s'accentuent graduellement jusqu'à former un système comprenant un soleil central, entouré de planètes.

Quelque inadéquate que soit cette description, il semble que l'individualisation de l'Esprit se produise d'une manière analogue. C'est comme l'apparition d'une ombre légère dans ce vide universel qui est en réalité la plénitude des plénitudes. Puis l'ombre devient brouillard, elle prend une forme de plus en plus perceptible, elle s'affirme de plus en plus nette, jusqu'à ce que nous trouvions une individualité, une âme, là où n'existait au début qu'une ombre à peine visible. C'est ainsi qu'on peut représenter la formation d'une conscience individuelle. Si vous pouvez vous pénétrer de cette idée, vous comprendrez que l'âme n'est pas complète dès l'abord, qu'elle ne descend pas comme un plongeur dans l'océan de la matière, mais qu'elle se construit lentement, très lentement, qu'elle se condense petit à petit, pour employer l'image de tout à l'heure, jusqu'à ce que, de l'Universel, elle soit devenue l'individuel. Et cette individualité croît sans cesse à mesure que son évolution s'accomplit. Elle est l'âme véritable qui persiste, comme nous le savons, de vie en vie à travers des âges sans fin, à travers des siècles sans nombre. Elle est l'Individualité progressive, et sa conscience est la conscience accumulée de tout ce qu'elle a laissé derrière elle au cours de sa croissance.

Telle est donc l'âme humaine, cette entité qui devient aujourd'hui puissante chez plusieurs des fils de l'Homme. Elle a derrière elle une longue histoire toujours présente à cette conscience devenue si vaste au cours de la route des âges, à cette conscience immense qui englobe en une seule vie la série de ses existences et connaît son passé tout entier. Chaque fois que survient une naissance nouvelle, chaque fois qu'il faut se mettre en quête d'un surcroît d'expérience, cette Âme qui n'a cessé de grandir depuis des âges, immerge en des vêtements nouveaux une portion d'elle-même. Et cette portion de l'âme qui se déverse sur les plans inférieurs, instrument grâce auquel l'Âme pourra s'accroître encore par des connaissances nouvelles, cette portion extériorisée de l'Âme est ce que nous appelons la mentalité ou l'intellect humain. C'est la partie de l'Âme qui opère dans le cerveau, limitée, entravée par le cerveau, littéralement accablée sous le fardeau de la chair, ensevelie sous un voile d'épaisse matière, à travers laquelle sa conscience peut à peine se faire jour. Cette grande chose, que nous appelons l'Intellect humain, n'est qu'une portion d'Âme qui s'efforce, qui peine dans le cerveau, afin d'aider à la croissance de l'Individualité réelle. À mesure qu'elle s'efforce, elle manifeste les puissances de l'Âme, car elle est l'Âme elle-même sous l'épaisseur de la matière. Tout ce qu'elle peut manifester à travers le cerveau constitue l'intelligence de la personne telle que nous la connaissons ici-bas; parfois elle manifestera beaucoup, parfois peu, selon le degré d'évolution atteint.

Bref, ce que l'homme conçoit une fois qu'il a pénétré dans l'Enceinte Extérieure, c'est que son être véritable est cette Âme dont nous venons de parler, et que son intelligence n'en est qu'une manifestation passagère. Il commence dès lors à comprendre que, si le corps et la nature du désir doivent être soumis à l'intelligence, fragment emprisonné de l'Âme réelle, l'intelligence, à son tour, doit être soumise à la grande Âme dont elle n'est que la représentation temporaire. L'intelligence est un instrument, un organe de l'Âme, sans autre raison d'être que les services qu'il rend, un organe destiné à recueillir des expériences dans le monde extérieur, pour les rapporter ensuite à l'Âme, son essence véritable.

Ces choses une fois comprises, quelle sera l'attitude de notre candidat ? — L'intelligence s'instruit. Entrant en contact avec le monde extérieur, elle rassemble des faits, elle les classe, elle les compare, elle forme des jugements à leur sujet ; en un mot, elle s'acquitte des fonctions qui lui sont propres. Le résultat de toute cette activité est transmise à l'intérieur, il remonte le long de cette expansion de l'Âme jusqu'à l'Âme elle-même, il constitue la récolte que l'âme emporte avec elle en Dévachan [5], afin de l'élaborer et de la transformer en sagesse. Car sagesse et savoir sont choses bien différentes. Le savoir, c'est toute la masse des faits, avec les jugements formés à leur sujet, les conclusions tirées de ces jugements. La sagesse, c'est l'essence extraite du tout, le bénéfice net que l'Âme a recueilli de toutes ces expériences ; et, comme on le sait, c'est en Dévachan que s'opère cette transmutation de l'expérience en sagesse.

Notre candidat, qui sait tout cela, comprendra que son "moi" réel, c'est l'Âme, l'Âme qui acheminé à travers toutes ces vies passées et s'est construite elle-même au cours de son pèlerinage. Elle apparaît main-

---

5   Dévachan désigne l'existence céleste qui succède à la phase purgatorielle (Kâmoloka) de la vie posthume. Nous renvoyons le lecteur à la *Sagesse Antique*, par Annie Besant, chapitre V, "Le Dévachan" (N.D.T.)

tenant à l'homme comme étant son idéal véritable, en attendant que sa vision gagne des profondeurs encore plus grandes. Il comprend dès lors pourquoi il est dit qu'au début même de la voie il faut que le candidat sache faire la distinction entre le "Soi" qui persiste et l'intelligence qui n'en est qu'une manifestation passagère dans le monde de la matière, manifestation destinée à servir les seuls intérêts de l'âme.

Le candidat peut maintenant comprendre l'étrange réponse du Maître à qui le disciple demande l'instruction pour la première fois. Le disciple avide s'écrie :

> "O Maître, que dois-je faire pour acquérir la sagesse ? Que dois-je faire, ô Sage, pour atteindre la perfection ?" — "Cherche les Sentiers, répond le Maître. Mais, ô disciple, aie le cœur pur avant de te mettre en route. Avant de faire ton premier pas, apprends à discerner le vrai du faux, le toujours changeant de l'éternellement durable [6]."

Puis le Maître poursuit ; il montre en quoi diffèrent la connaissance et la sagesse ; il montre au disciple ce qu'est l'ignorance, ce qu'est la connaissance et ce qu'est

---

6   *La Voix du Silence* (Édition 1899), p. 41.

la sagesse qui succède à toutes les deux. La distinction est ensuite établie entre l'intelligence "semblable à un miroir, qui ramasse la poussière tout en reflétant", et le "Souffle de la Sagesse d'Âme", qui doit purifier notre miroir "en chassant la poussière des illusions".

À ces paroles, s'il est sage, le candidat réfléchit. Qu'est-ce donc que cette différence entre le réel et l'illusoire, et pourquoi cette distinction est-elle liée à la manifestation de l'intelligence ? Qu'est-ce donc que cette différence entre le miroir qui reflète, et l'Âme qui doit en chasser la poussière afin que cessent nos illusions ? Quel rôle nouveau fait-on jouer à cette intelligence qui nous semblait naguère un facteur si essentiel, que nous la tenions pour la personnification de l'homme lui-même ? Quelle est, en somme, sa fonction véritable, si le premier pas sur le Sentier consiste à discerner l'illusoire du réel, et si l'intelligence se trouve liée, par quelque rapport subtil, à la genèse même de l'illusion ?

D'autres paroles encore reviennent à l'esprit du disciple, paroles qu'il a entendues des mêmes Maîtres de la Sagesse. Il se souvient d'un précepte étrange qui parle du "Râjah des sens", gouverneur et roi de la nature inférieure, mais point ami du disciple. Le même enseignement prescrit de chercher ce Râjah des sens afin de le bien comprendre, car c'est lui "le producteur des pensées, qui éveille l'illusion"; et plus loin: "l'intellect est le grand meurtrier du Réel. Que le disciple tue le meurtrier [7]."

Il semble que nous soyons ici sur la piste de quelque pensée capable d'éclairer le disciple dans sa recherche du Râjah des sens. Ce Râjah, ou roi des sens, est le générateur de la pensée; d'autre part, celui qui engendre la pensée éveille en même temps l'illusion et tue le Réel. Or, nous savons que, dans le monde spirituel, la Réalité existe. À mesure que la différentiation se poursuit, l'illusion prend naissance; et c'est l'intelligence, l'intelligence croissante, qui engendre l'illusion. C'est cette intelligence qui enfante continuellement des images, qui possède la faculté imaginative que nous appelons l'imagination, et la faculté du raisonnement qui construit en prenant pour base l'image aérienne enfantée par l'imagination. Voilà le vrai créateur de l'illusion, l'intellect reconnu comme meurtrier du Réel dès l'instant que l'homme devient disciple. Aussi sa première tâche, en tant que disciple, sera-t-elle de tuer ce meurtrier. Car, s'il ne peut s'affranchir du pouvoir d'illusion de son intelligence, jamais il ne dépassera l'Enceinte Extérieure.

---

7   *Voix du Silence*, p. 14.

Puis, s'il écoute encore la parole du Maître, le disciple entend une voix qui lui dit de chercher à unir son intelligence et son Âme [8]. Sa tâche consistera donc à effectuer, dans sa nature mentale inférieure, une transformation qui la rende capable de fusionner avec l'Individualité réelle, une destruction de sa puissance d'illusion, en sorte qu'elle puisse connaître enfin l'Âme immortelle qui l'a engendrée, en sorte que le Père et le Fils puissent redevenir un.

Le disciple apprend encore qu'il doit détruire son corps lunaire et purifier son corps mental [9]. Lorsqu'il étudie ce précepte et qu'il cherche à en approfondir le langage mystique, il est amené à comprendre, par mainte allégorie et maint symbole désormais familier, que le corps appelé "lunaire" n'est autre que celui qui manifeste Kâma, ou le principe du Désir. On le nomme parfois encore "l'homme astral". La destruction de ce corps lunaire et la purification du corps mental s'imposent au disciple. "Purifie ton corps mental", lui dit le Maître, car s'il n'est pas nettoyé de la poussière des illusions, il ne pourra réintégrer sa propre nature, il ne pourra s'unir à l'Âme.

Le néophyte commence maintenant à comprendre quel sera, dans l'Enceinte Extérieure, le travail à effec-

---

8 *Voix du Silence*, p. 43.
9 *Ibid.*, p. 25.

tuer sur sa nature mentale. Il commence à concevoir que lui-même, Âme vivante évoluée à travers les siècles, a émané cette force hors de lui-même afin de s'en faire un instrument pour son propre usage. Au lieu d'être maîtresse, l'intelligence devrait être une esclave obéissante, un instrument aux mains qui la tiennent, un serviteur docile de l'Âme qui l'a envoyée dans le monde. Et à mesure que la tâche à accomplir se dessine plus nette aux yeux du disciple, il commence à entraîner sa nature mentale.

Cet entraînement débutera par des choses très simples. Le néophyte s'apercevra que sa pensée saute constamment d'un objet à un autre, qu'elle est rétive et point facile à dompter. Comme l'observait Ardjouna il y a cinq mille ans, l'intelligence est remuante et inquiète, turbulente et difficile à tenir en main [10]. Il s'agit de vous mettre à l'œuvre, afin de l'entraîner comme vous entraîneriez un cheval pour en faire une bonne bête de selle. Il s'agit de la dompter et de lui apprendre à ne plus battre la campagne en sautant fossés et haies, mais à suivre sans regimber la route que votre volonté lui trace.

Voilà pourquoi notre candidat, dans la vie de chaque jour — car sa vie ordinaire du monde est le cadre

---

10 *Bhagavad Gîtâ*

où doit s'accomplir tout ce travail préparatoire — habituera graduellement son esprit à penser avec suite et netteté, et ne se laissera plus entraîner, par les multiples tentations qui l'environnent, à disséminer son énergie mentale dans toutes les directions. Il évitera de disperser sa pensée ; il tiendra à ce qu'elle suive un sentier bien déterminé ; il refusera d'acquérir des connaissances par bribes et morceaux comme s'il était incapable de suivre un argument soutenu. Il mettra de côté les tentations sans nombre qui l'entourent à notre époque superficielle. Ses lectures seront motivées par un choix judicieux, car c'est ici surtout que s'entraîne la pensée du candidat. Il lira donc, de propos délibéré, des arguments soutenus, de longues lignes d'argumentation qui obligeront son esprit à suivre pendant un temps considérable une voie unique, nettement déterminée. Et il ne permettra plus à sa pensée de sauter brusquement d'un sujet à un autre, car cela ne ferait accroître l'instabilité mentale qui est, sur la voie du disciple, un obstacle, sans l'élimination duquel nul progrès ultérieur n'est possible.

Ainsi donc à travers les jours, les mois, les années, le candidat élaborera sa nature mentale. Il l'entraînera à penser consécutivement. Il apprendra en outre à choisir ses pensées, il ne leur permettra plus d'aller et de venir à leur guise. Il ne se laissera plus obséder par ces idées qui entrent et se fixent dans l'esprit de l'homme ordinaire, incapable de les chasser. Le disciple sera seul maître chez lui. Si des épreuves viennent l'assaillir dans sa vie quotidienne, peu importe ; elles contribueront à son entraînement mental. Au sein des épreuves les plus cruelles, des inquiétudes les plus pénibles, s'il est tenté de penser à l'avenir, de se laisser envahir par la pensée des chagrins qui l'attendent dans quelques jours, ou quelques semaines, ou quelques mois, qu'il se dise résolument :

> "Non, je ne veux pas nourrir cette inquiétude ; je ne veux pas héberger en mon esprit une idée pareille. Dans cette intelligence qui est mienne, il ne doit rien demeurer qui n'y ait été admis délibérément, sur mon invitation. Tout ce qui cherche à entrer malgré moi doit être exclu du champ de ma pensée."

— Que de gens restent éveillés, la nuit, assaillis de pensées inquiètes, toute leur vie empoissonnée, leur santé minée, non par les épreuves, mais par les soucis que ces épreuves engendrent dans leur esprit. Le candidat doit mettre fin à cet état de choses. Il s'interdira toute activité mentale non consentie et fermera impitoyablement la porte à toutes ces pensées qui le harcèlent.

Ce sera là un entraînement méthodique, un entraînement long et ardu, car les pensées font irruption malgré la volonté, et il faut les expulser de force. À mainte et mainte reprise, il faut recommencer, avec une patience inlassable. La seule méthode possible consiste à saisir la pensée nuisible chaque fois qu'elle se présente et à refuser délibérément de lui donner asile. "Comment cela ?" me direz-vous. — Au début, le plus facile sera de détourner l'attention sur un autre objet ; plus tard, on refusera tout simplement d'admettre l'intruse. Mais en attendant que le candidat ait acquis la force nécessaire pour fermer ainsi les portes de son intelligence et y demeurer calme, à l'abri de toute influence externe, il fera bien de substituer une idée à l'autre, en substituant toujours quelque pensée élevée d'essence durable à la pensée éphémère dont il cherche à se débarrasser. Ce procédé présente un double avantage : d'une part, il chasse la pensée transitoire ; de l'autre, il habitue l'esprit à demeurer dans l'éternel et lui inculque le sentiment de la fuite continuelle du présent, qui ne vaut vraiment qu'on s'en soucie. Cet entraînement fortifie l'âme dans les choses permanentes, il lui permet de s'absorber avec plus de constance dans l'éternel. Et c'est là le secret de toute paix véritable en ce monde et dans les autres.

Le candidat entraîne donc sa nature mentale ; il parvient graduellement à la dominer, il devient capable de choisir librement l'objet de sa pensée et d'exclure les idées qu'il juge mauvaises. Il va pouvoir tenter un pas de plus, mais ici la difficulté augmente. Le candidat cherchera à se retirer totalement de sa nature mentale, à penser *sans elle*, — non parce qu'il veut devenir inconscient, mais parce qu'il cherche, au contraire, à atteindre une conscience plus profonde ; non parce que la vie en lui s'émousse et devient léthargique, mais parce qu'elle est devenue si intense que son cerveau ne suffit plus à la contenir. À mesure que s'épanouit en lui la vie intérieure, à mesure que s'enfle le flot d'énergie vitale qui monte du fond de l'Âme, peu à peu le candidat s'aperçoit qu'il est possible d'atteindre un état où la "pensée" n'est plus la pensée de l'intellect, mais la conscience *dans* l'Âme elle-même.

Mais bien longtemps avant d'avoir trouvé cette conscience et de s'être en quelque sorte assimilé à elle d'une manière continue, il lui faudra traverser une phase d'obscurité, de vide intérieur. C'est là peut-être une des épreuves les plus pénibles de la vie du candidat dans l'Enceinte Extérieure. Il commence alors à comprendre vaguement le sens que renferment ces paroles du Maître : "Réprime par ton Soi divin ton "moi" inférieur. Réprime par l'Éternel, le Divin [11]." Le Soi divin, c'est cette Âme qui doit réprimer le mental inférieur. Puis, au-delà de l'Âme elle-même, demeure l'Éternel; et dans un temps à venir, au sein du Temple, cet Éternel doit maîtriser en l'homme le Divin, comme le Divin maîtrise déjà le "moi" inférieur.

Le candidat apprend ensuite, lentement et par degrés, qu'il doit être maître de toutes les choses qui l'entourent dans le domaine de la pensée purement mentale. Des tentations subtiles vont l'assaillir, qui ne toucheront plus sa nature inférieure, mais s'élèveront hardiment contre sa nature supérieure. N'ayant pu réussir avec les désirs et les séductions plus grossières du corps, elles chercheront à détruire le disciple à l'aide de son intelligence même...Et voici qu'elles accourent en foule, ces tentations subtiles du monde mental. Elles tendent des pièges à l'homme intérieur. De toutes parts elles se pressent autour de lui pendant qu'il gravit le sentier ardu. Il faudra que le disciple obtienne une domination complète sur les images mentales de sa propre création, avant de pouvoir continuer sa route, impassible, serein, inébranlable, au milieu de cet essaim rapide de pensées vivifiées et fortifiées, non plus par l'intelligence débile des hommes du monde

---

11   *Voix du Silence*, p. 56.

inférieur, mais par une énergie terrible qui participe à la nature des forces du plan spirituel — du côté sombre, bien entendu, et non du côté lumineux; car ces forces destructives proviennent de ceux qui voudraient tuer l'âme, non de ceux qui sont prêts à la secourir.

Dans l'Enceinte Extérieure, le candidat se trouve face à face avec des pensées de cette nature-là, et elles se jettent sur lui avec toute la puissance des forces terribles du mal. S'il n'a point appris à rester maître dans l'enceinte de sa propre intelligence, s'il ne s'est pas entraîné à résister aux attaques mesquines qu'il subit dans le monde extérieur, comment pourra-t-il tenir tête à l'assaut des légions de Mâra, le Mauvais? Comment traversera-t-il le dernier stade de l'Enceinte Extérieure, autour duquel s'assemble en foule ces ennemis mortels de l'Âme, qui refusent de laisser passer quiconque n'est pas absolument en paix?... C'est alors que l'homme sent grandir en lui la force qui procède de la fixité de l'esprit. Il est maintenant assez puissant pour fixer sa pensée où il veut et rester inébranlable, quelle que soit la tourmente déchaînée alentour. Cette fixité est tellement grande. Tellement immuable, que nulle force extérieure n'est capable de la troubler. Il n'est même pas nécessaire de tuer les pensées mauvaises, car l'homme s'est affranchi du besoin d'un pareil effort. Plus l'Âme est puissante, moins il y a d'effort dans son travail; à mesure que son pouvoir s'épanouit, elle cesse de sentir les assauts de l'extérieur.

Alors est atteinte, dans le développement mental, cette phase glorieuse où les pensées mauvaises ne sont même plus tuées par la volonté, mais tombent mortes d'elles-mêmes en touchant le sanctuaire de l'Âme. L'intelligence n'a plus besoin de détruire, ni d'être elle-même réfrénée; elle est devenue diaphane, pure et obéissante. C'est ici que l'intelligence et l'Âme commencent à s'unifier; et le résultat de ce commencement d'unification, c'est que toute pensée discordante tombe morte d'elle-même au premier contact. La conscience n'a plus besoin de frapper, car toutes les influences qu'il lui faudrait frapper, s'annihilent spontanément par le choc en retour de leur propre impulsion. C'est là la fixité de l'esprit que symbolise la lampe placée en un lieu sûr où nul vent ne peut faire vaciller sa flamme. C'est dans ce lieu de repos que l'homme commence à comprendre ce que c'est que la volonté; c'est là qu'il trouve la paix parfaite. C'est un séjour abrité, à l'ombre des murs du Temple, et l'Écriture Ancienne en parle lorsqu'elle dit que: "Libéré du désir, libéré de la souffrance, l'homme, dans le calme des sens, contemple la majesté de son Âme [12]."

---

[12] *Kathopanishad*, II, 20, dans *Neuf Upanishads*, traduction L. Marcault.

C'est alors que pour la première fois la vision lui est acquise, non plus en des lueurs fugaces, en des rayons qui brillent pour s'éteindre aussitôt; mais dans cette paix et cette sérénité absolue que ne troublent plus ni désir ni tristesse. C'est alors que la majesté de l'Âme rayonne sans nuages, et que l'intelligence, miroir désormais immaculé, la reflète telle qu'elle est réellement. Car cette intelligence, naguère semblable à un miroir souillé de poussière, à un lac bouleversé par les vents tumultueux, est devenue semblable à un miroir poli qui reflète parfaitement; elle est devenue semblable au lac paisible où se mirent la montagne et le ciel, au lac qui rend l'arbre à l'arbre et l'étoile à l'étoile, au lac qui se revêt de tous les tons changeants du ciel d'où ils procèdent.

Mais avant d'atteindre ce calme parfait, il est un moment de péril dont a parlé la voix prémonitrice. Il est un moment où, tout près d'atteindre le point où la lampe ne vacillera plus, l'intelligence et l'Âme en viennent aux mains pour une lutte finale. L'intelligence, alors, se débat comme un éléphant furieux dans la jungle. Comment pourra-t-elle être domptée? C'est la dernière lutte du mental, c'est le dernier effort de l'inférieur pour s'affirmer contre le supérieur, pour rejeter le joug qu'il sent tomber sur ses épaules. C'est le soulèvement de la nature inférieure dont parlent tous les livres d'Initiation. Car il a été écrit, dans tous les livres qui parlent de la Sagesse Occulte, qu'au moment où le candidat s'approche de l'entrée, avant qu'il ne pénètre dans le Temple, toutes les puissances de la Nature s'élèvent contre lui afin de l'entraîner en arrière, toutes les puissances du monde s'unissent afin de lui barrer le passage. C'est le dernier combat à livrer avant la victoire complète. Il y a, sur des plans plus élevés encore, une autre lutte dont celle-ci n'est que le reflet, sur des plans tellement plus sublimes que nous ne pouvons les concevoir, des plans où, seuls, les plus grands d'entre les Grands se sont frayé un chemin. Cette lutte-là est symbolisée par le dernier combat que livra Bouddha, sous l'Arbre Sacré. En ce lieu où il reçut la dernière illumination qui Le fit Bouddha, toutes les légions s'assemblèrent pour tenter de Lui barrer le passage par un suprême effort. Bien qu'à une hauteur infiniment moindre, cette même lutte cruciale se présente, à l'approche des portes du Temple, dans la vie de l'aspirant, qui sera bientôt disciple.

Comment triomphera-t-il? Comment suivra-t-il, sur le sentier d'épreuve, les pas de ceux qui l'ont précédé? C'est encore une fois des paroles du Maître que vient le secours; c'est de Ses lèvres encore que procède le conseil qui doit nous guider: "il faut à l'âme", nous dit la Voix dans le Silence, "Il faut à l'âme des points pour l'attirer vers l'Âme-Diamant [13]." Et qu'est-ce que l'Âme-Diamant ? — C'est l'Âme qui a achevé son union avec le Soi Suprême, c'est l'Âme sans défaut et sans tache, transparente comme un pur diamant à la Lumière du Logos qu'Elle concentre en un foyer unique pour notre humanité. Le nom puissant que j'ai nommé plus haut, et j'en eusse pu nommer d'autres, qui révèlent en d'autres langues la même signification, — ce Nom est celui d'une Âme élevée entre toutes les Âmes, à laquelle appartient ce titre d'Âme-Diamant. Et à travers Elle, la lumière du Logos lui-même étincelle sans en être obscurcie, tellement pur est le Diamant, tellement immaculée cette Âme incomparable. C'est l'Âme vers laquelle nous élevons nos cœurs en nos moments d'aspiration suprême, et ce qu'il faut pour nous attirer vers elle, ce n'est qu'une lueur de Sa beauté, ce n'est qu'une caresse de Sa flamme. Car l'Âme croît vers l'essence même de son être comme croît la fleur vers le soleil ; et les pointes qui l'attirent, ce sont les rayons de splendeur que l'Âme-Diamant répand en elle. Car l'Âme du disciple, malgré sa faiblesse et ses hésitations, n'en est pas moins d'essence une avec l'Âme Suprême. C'est pourquoi l'Âme Suprême l'attire avec une force toute Divine à l'union avec Elle-même.

---

13   *Voix du Silence*, p. 42.

Et à mesure que son entendement s'éclaire, le disciple conçoit ce que signifie l'Âme-Diamant. Il comprend qu'en lui-même aussi cette Âme-Diamant doit s'incarner un jour. — "Regarde en toi-même : Tu es Bouddha !" Il comprend que son intelligence, comme son corps, n'est qu'un instrument au service de l'Âme-Diamant, un instrument qui n'est utile et précieux que s'il rend des sons dignes d'atteindre les régions plus hautes. C'est alors que, par la dévotion parfaite, les cordes de l'Âme sont harmonisées ; c'est alors qu'elle devient un instrument digne de la main du Maître, un instrument d'où peuvent résonner toutes les mélodies de la terre et du ciel.

Le disciple se trouve enfin à la porte du Temple, et il se rend compte de ce qui est arrivé. Et ce qui est arrivé, c'est que lui-même s'est trouvé Lui-Même, et que l'Âme, qui est désormais Lui-Même, élève maintenant son regard vers une Identité plus haute encore avec laquelle elle doit s'unir un jour. Cette union plus haute n'a lieu qu'au sein du Temple. Le disciple, parvenu sur le seuil, n'a encore fait qu'unir son "Moi" périssable à son "Soi" éternel, sa personnalité intellectuelle à son Individualité réelle.

Alors commence pour lui cette adoration qui signifie l'identification graduelle à sa conscience avec l'Être Suprême. Alors il apprend que, dans sa vie quotidienne, l'Âme peut-être sans cesse en adoration, quelle que soit l'occupation de l'intelligence, quelle que soit l'activité du corps. Il comprend enfin que la vie du disciple est une adoration absolument ininterrompue de l'Identité Suprême, une contemplation incessante de l'Âme-Diamant, une contemplation du Très-Haut qui n'aura pas de fin. Il sait que l'Âme étant ainsi occupée à tout jamais au sein du Temple, le corps et l'intelligence travailleront dans l'Enceinte Extérieure, et, plus loin encore, dans le monde, pour l'humanité qui réclame leurs services. Il sait que son corps peut être sans cesse actif, travaillant pour les hommes ; que son intelligence peut être sans cesse occupée, travaillant pour les hommes. Tant que le disciple vivra sur terre ce sont là ses instruments, ses messagers dans le monde des hommes, pendant que dans le Temple, lui-même est en adoration. Il comprend enfin le sens de ce verset : "Dans le ciel, les Anges contemplent éternellement la Face du Père." Car la vision de l'Âme-Père est une vision ininterrompue. Aucun nuage terrestre ne peut l'obscurcir, aucune œuvre terrestre ne peut la troubler. Sans cesse l'Âme contemple, pendant que travaillent l'intelligence et le corps.

Parvenue à ce point, l'Âme franchit librement le seuil ; et, de l'Enceinte Extérieure, elle pénètre dans le Temple de son Dieu.

La Construction du Caractère

III

La Construction
du Caractère

Au début de cette troisième conférence, je tiens à répéter l'avertissement que je vous ai donné lors de notre première réunion. Cet avertissement avait trait aux qualités qui sont l'objet de notre étude actuelle et à l'organisation que doivent adopter dans leurs pensées comme dans leurs actes, les hommes dont j'ai défini la situation en disant qu'ils se trouvent dans "l'Enceinte Extérieure". Souvenez-vous que j'ai décrit la situation de l'aspirant parvenu à ce degré, et que je vous ai montré combien elle diffère de celle d'un homme bon, vertueux, religieux, mais qui n'a pas encore nettement reconnu le but de l'évolution humaine, et ne s'est pas rendu compte de l'immensité de sa tâche. Je tiens donc à vous rappeler ici que dans toute cette esquisse des qualités requises chez ceux qui pénètrent dans l'Enceinte, je me place constamment au point de vue d'un entraînement *délibéré* vers un but nettement reconnu.

De plus, en parlant de ces qualités requises, je ne dis pas qu'elles doivent être amenées à l'état de perfection finale pendant que l'aspirant se trouve encore dans l'Enceinte Extérieure du Temple. Je dis simplement qu'il doit *commencer* à façonner son caractère, qu'il doit concevoir aussi nettement que possible l'œuvre dont la réalisation lui incombe, et qu'il doit s'efforcer, avec plus ou moins de succès, vers l'idéal auquel il aspire. Quant à la purification finale, quant à la maîtrise absolue des pensées, quant à l'édification parfaite du caractère, quant à la transmutation complète des forces inférieures en énergies supérieures, — je ne prétends nullement que toutes ces perfections doivent être réalisées avant que l'aspirant puisse franchir le seuil du Temple. En réalité, dans l'Enceinte Extérieure, il est occupé à bâtir les fondations de son édifice futur, à tracer avec soin, et d'une manière suffisamment complète, les *plans* de la construction qu'il compte parfaire un jour. L'exécution de ces plans, l'assemblage définitif des matériaux sur ces fondations, l'érection des murs, le placement de la dernière pierre, clé de voûte de l'édifice entier, — tout ce travail définitif doit s'accomplir plutôt au sein même du temple, après que les yeux ont été ouverts, et non pendant que l'aspirant, encore partiellement aveugle, s'efforce dans l'Enceinte Extérieure.

Mais ce que je tiens à vous faire comprendre avant tout, c'est que le *plan* est tracé, adopté, c'est que le candidat se propose d'atteindre ce but sublime de l'humanité parfaite, et rien de moins ; ... au cours des âges, d'autres attitudes plus sublimes encore se dévoileront à ses yeux. Quelque immense que puisse sembler une telle aspiration, quelque grandiose que puisse paraître l'esquisse de l'œuvre dont les détails seront à parfaire plus tard, cette esquisse préliminaire n'en est pas moins adoptée dès l'Enceinte extérieure, dessin d'ensemble où les détails viendront se fixer un à un. Quelques modestes que puisse être les accomplissements actuels, ils n'en sont pas moins les fondements bien déterminés qui serviront de base aux réalisations glorieuses de l'avenir.

J'insiste sur ce point parce qu'il m'a été suggéré qu'en assignant un champ si vaste à l'Enceinte Extérieure, en traçant une esquisse si immense, je pourrais donner à quelques-uns, parmi mes auditeurs, un sentiment de découragement ou même de désespoir. En sorte qu'il est utile de faire comprendre à tous que les commencements, tout en impliquant un tracé de l'ensemble, ne sont encore que les commencements, et qu'une fois le seuil franchi, bien des vies resteront encore à vivre, où l'œuvre commencée pourra être amenée à sa perfection. Rappelez-vous seulement que l'édifice complet aura pour base le plan que l'architecte doit tracer dès maintenant.

Ce point nettement fixé, laissez-moi vous parler de la construction du caractère. Il s'agit d'une construction nette et positive, et c'est là la tâche essentielle que le candidat s'imposera dans l'Enceinte Extérieure du Temple. Nous savons déjà qu'il doit avoir été, dans ses vies antérieures, un homme vertueux et religieux. Il doit avoir reconnu qu'aucun vice positif n'est admissible en sa nature, qu'aucun mal ne peut être toléré. S'il reste un germe de vice, il doit être immédiatement rejeté ; s'il reste des tendances au mal positif, elles doivent être définitivement et complètement déracinées. Dans cette Enceinte Extérieure, il ne peut du moins y avoir aucun compromis avec le mal, aucune complaisance pour ce qui n'est pas juste, pur et bon. Il peut y avoir encore des faiblesses dans l'accomplissement du bien, mais l'âme n'est plus capable de rester, insouciante, dans le mal. De *cela*, l'aspirant s'est détourné une fois pour toutes : les éléments les plus grossiers de sa nature sont déjà éliminés, le stade préliminaire de la lutte intérieure est accompli. Il n'est pas permis à l'homme d'apporter pour sa construction dans l'Enceinte du Temple, des pierres brutes. La taille doit être

III. — LA CONSTRUCTION DU CARACTÈRE

poursuivie à travers bien des vies passées, le caractère doit avoir été longuement travaillé avant de pouvoir être employé même dans l'Enceinte Extérieure d'un tel Temple.

Nous avons donc laissé derrière nous ce dégrossissage préliminaire du caractère, et nous allons nous occuper de la construction des vertus positives. Comme nous le verrons, les vertus que nous allons étudier sont élevées et nobles entre toutes. Ce ne sont pas les simples vertus reconnues comme nécessaires dans le monde, mais bien plutôt les vertus que l'aspirant doit pratiquer afin de devenir un Auxiliaire et un Sauveur du monde, les caractéristiques qui sont la marque des Rédempteurs de l'humanité, pionniers et prémices de la race entière.

Ce qui nous frappera sans doute dès l'abord, dans cette construction du caractère chez l'homme parvenu dans l'Enceinte extérieure, c'est sa nature essentiellement délibérée. Ce n'est plus le moment des impulsions passagères, des constructions fantaisistes abandonnées ou reprises selon le hasard des circonstances, des efforts spasmodiques dirigés tantôt dans un sens, tantôt dans un autre. Il ne s'agit plus de courir le monde à la recherche d'un but. Toutes ces tergiversations préliminaires sont choses du passé : l'objet de la vie est reconnu, et le but de l'effort est nettement déterminé.

Il s'agit donc d'une construction délibérée, comme peut en faire l'homme qui sait qu'il a le temps devant lui, et que rien dans la Nature ne peut être perdu. Il s'agit d'une construction délibérée qui commence avec les matériaux que l'architecte a sous la main, avec le caractère tel qu'il est au moment actuel. L'homme considère avec calme toute sa force et toutes ses faiblesses, et il se met à l'œuvre pour accroître la force et pour remédier aux faiblesses. Il va falloir bâtir délibérément suivant un plan nettement conçu et sculpter patiemment en marbre dur et stable la statue dont le modèle est déjà achevé.

Ainsi la première chose que l'on observera chez ces candidats dans l'Enceinte Extérieure, c'est la netteté du but poursuivi et le caractère délibéré de l'action. L'homme sait désormais que toute entreprise commencée sera continuée. Il sait qu'il emportera avec lui, de vie en vie, les trésors accumulés. Il sait qu'une lacune découverte, sans pouvoir être entièrement comblée, est néanmoins comblée jusqu'à un certain point et qu'une partie de la tâche est accomplie. Il sait qu'une puissance nouvelle, une fois développée, lui reste acquise à tout jamais, qu'elle fait partie intégrante de son Âme, qu'elle est tissée en la substance même de Son Individualité et ne pourra lui être ravie.

III. — LA CONSTRUCTION DU CARACTÈRE

Le candidat construit donc de propos délibéré, et son assurance prend racine dans le savoir véritable, qui reconnaît la Loi Une sous tous les aspects de la Nature. Comprenant que la Loi est immuable, certain de pouvoir placer en elle sa confiance totale, absolue, il invoque la Loi, il sait qu'elle ne peut tromper son attente, il fait appel à la Loi, car il sait que la Loi jugera. Il n'y a plus trace d'hésitation en lui, il ne reste pas l'ombre d'un doute. Les forces qu'il dépense doivent fatalement produire leurs effets ; et chaque graine qu'il sème est semée avec la certitude absolue qu'elle fructifiera selon son espèce, et qu'aux jours à venir il récoltera la moisson correspondante, et rien d'autre. Il n'y a donc point de hâte dans son travail, point d'impatience dans son labeur. Si le fruit n'est pas mûr, il pourra le cueillir plus tard ; si la graine n'est pas prête, il attendra qu'elle soit formée. Il sait que cette Loi, à laquelle il s'est donné, est en même temps immuable et bonne. Il sait qu'elle lui apportera chaque chose à son heure, et que, pour le monde comme pour lui-même, il n'est point d'heure préférable à celle-là.

Le candidat se met donc à l'œuvre, muni des matériaux qu'il trouve en sa possession. Ces matériaux lui suffisent, car ils sont les fruits de son propre passé, que la Loi lui rapporte. Il s'en contente pleinement, car c'est avec eux seuls qu'il doit travailler, avec eux, et non point avec d'autres. Que son bagage soit abondant ou défectueux, riche ou mesquin, il s'en empare et commence à l'élaborer. Car il sait que, malgré sa pauvreté actuelle, la richesse qu'il peut atteindre n'a point de limites; il sait que, malgré toute la médiocrité de ses facultés actuelles, l'immensité de leur expansion, à travers les temps futurs, n'a point de bornes. Il sait qu'il réussira fatalement, qu'il ne s'agit pas d'une vague possibilité mais d'une certitude absolue, qu'il ne s'agit pas d'une entreprise hasardeuse, mais d'une réalité positive et déterminée. La Loi *doit* lui rendre l'équivalent de ce qu'il donne, et même s'il ne donne que peu, ce peu lui reviendra un jour et pourra servir de base à des constructions ultérieures. Ajoutant sans cesse à son trésor, l'homme s'élèvera un peu plus haut par chaque effort nouveau, par chaque réalisation nouvelle.

Nous connaissons déjà en partie la méthode suivant laquelle il doit construire. Nous savons qu'il doit commencer par la bonne pensée, nous avions étudié cet entraînement de la pensée et, la semaine passée, entraînement dont la nécessité s'impose si l'homme veut apprendre à choisir le bien et à rejeter le mal. Travaillant constamment à cette maîtrise de la pensée et sachant les conditions qu'elle implique, comprenant les lois qui président à la génération des pensées et déterminent en même temps leur action sur le monde et illusions et des fantasmagories des mondes qu'il lui faut traverser. La pratique de la vérité en pensée, et en action éveille graduellement cette intuition spirituelle qui transperce tous les voiles d'illusion et que nulle puissance au monde n'est capable de décevoir. Partout des voiles sont étendus ; de toutes parts surgissent, dans ce monde d'illusion, les apparences trompeuses, — jusqu'au jour où l'intuition spirituelle traverse, de sa vision directe et impeccable, tous les masques des choses. Mais il est oiseux de prétendre à cette intuition-là si la vérité n'est suivie dans le caractère, cultivée dans l'intelligence, développée dans la conscience. Sans elle, c'est l'échec fatal, l'aberration inévitable.

La parole doit donc, avant toute chose, être vraie. En second lieu elle doit être douce. Car la vérité et la douceur ne sont pas opposées, comme on est trop souvent tenté de le croire. La parole ne perd rien de sa véracité pour être parfaite en douceur, en courtoisie et en compassion. Et même, plus elle est vraie, plus elle doit nécessairement être douce ; car, au cœur même des choses, la vérité et la compassion vivent éternellement. C'est pourquoi la parole qui reflète l'Essence la plus intime de l'Univers ne peut ni blesser sans motif un être vivant quelconque ni donner lieu au moindre soupçon de fausseté. La parole doit donc être vraie et douce. — vraie, douce et courtoise. Voilà en quoi

III. — LA CONSTRUCTION DU CARACTÈRE 91

conscience, rien d'impur ne puisse pénétrer. Si ce point n'est pas surveillé, tout le reste est ouvert à l'ennemi. C'est ici la citadelle même de la place, et c'est en même temps la porte unique par où passent toutes les choses qui entrent.

Poussant plus loin sa construction, l'homme apprendra — s'il ne l'a pas appris déjà — à surveiller ses paroles. La droite parole, avant tout, doit être *vraie*, d'une vérité scrupuleuse et exacte. La véracité banale du monde extérieur ne suffit plus ici, bien qu'elle ne soit pas à dédaigner. Il faut au disciple cette véracité scrupuleuse et stricte, qualité indispensable entre toutes, pour qui veut étudier l'occultisme ; — vérité dans l'observation des faits, vérité dans leur transmission, vérité dans la pensée, vérité dans la parole, vérité dans l'action. Sans cette recherche constante de la vérité et cette résolution inébranlable de devenir vrai soi-même, nulle possibilité d'occultisme qui ne soit un danger, nulle possibilité sauf la chute, d'autant plus terrible et plus profonde que l'étudiant sera parvenu plus haut. Car la véracité est en même temps, pour l'occultisme, un guide et une armure. Elle est un guide, car elle donne l'intuition qui lui permet de discerner la route vraie de la route fausse, le sentier de droite du sentier de gauche. Elle est une armure, car s'il n'est revêtu de cette armure de vérité, il sera fatalement victime des caractère; — considération dont nous comprendrons dans quelques moments l'importance vitale, car voici à vrai dire l'instrument qui servira à bâtir le caractère de l'homme. Et non seulement il envisagera la réaction de ses pensées sur son caractère, mais il verra comment, en transformant ce caractère, elles en font un aimant qui attire à lui toutes les pensées de même nature. En sorte que l'homme, agissant comme un foyer de pensées hautes et nobles (et désormais inaccessible, espérons-le, à celles qui sont activement mauvaises), fera délibérément de sa conscience un aimant pour tout ce qui est bon. Les forces mauvaises s'anéantiront au contact de son âme puissante, et les forces pures et bonnes entreront à flot dans sa conscience pour y être nourries, vivifiées et fortifiées. Les bonnes pensées des autres viendront à lui, pour émerger à nouveau dans le monde avec un surcroît de force vive. Ainsi, non content d'être une source de force secourable grâce aux pensées qu'il engendre lui-même, il deviendra un chenal de secours providentiel grâce aux pensées qu'il reçoit, qu'il vivifie et qu'il transmet. Et toutes ces influences contribueront à l'édification de son caractère, en sorte que, dès le début de la construction, cette droite pensée sera l'influence maîtresse dans son esprit. Il observera constamment ses pensées, il les scrutera avec un soin jaloux, afin que, dans ce sanctuaire de sa

III. — LA CONSTRUCTION DU CARACTÈRE 89

leur réaction sur celui qui les engendre, — le candidat est désormais à même de choisir délibérément, pour la construction de son caractère, la bonne pensée. Ce sera là une des premières tâches qu'il s'imposera dans sa traversée de l'Enceinte Extérieure.

Il s'imposera cette tâche pour deux raisons. La première, c'est que sa bonne pensée agit sur ses semblables, et que tous les candidats au Temple ont pour motif primordial le Service de l'Humanité. En sorte que, lorsqu'il choisit ses pensées, soit qu'il veuille créer mentalement lui-même, ou admettre simplement en sa conscience ce qui provient d'autrui, son mobile essentiel sera l'influence de ces pensées sur les autres et non pas leur action sur lui-même. Avant toute chose, il est candidat au Service des mondes. C'est pourquoi, en choisissant les pensées qu'il vivifiera de son énergie propre, il calculera leur action sur le monde extérieur. Il verra en quoi elles peuvent aider, en quoi elles peuvent fortifier, en quoi elles peuvent purifier. Dans le puissant courant de pensée qu'il sait devoir procéder de son intelligence, il déversera les pensées qui sont utiles aux autres, et son but, nettement déterminé, sera de servir ainsi ses frères, d'aider au progrès du monde. En second lieu, il prendra en considération la nature de ses pensées en tant qu'elles l'affectent lui-même, en tant qu'elles réagissent sur lui pour former son consiste l'austérité du langage, la vraie pénitence en paroles, le sacrifice que chaque aspirant doit offrir.

Enfin, de la pensée vraie et de la parole vraie découle inévitablement l'action vraie. Nul autre résultat ne peut procéder d'une force pareille. Car l'action n'est que la manifestation des forces intérieures, et lorsque la pensée est pure, lorsque la parole est vraie et droite, l'action doit inévitablement être noble. L'eau qui s'écoule d'une source si douce ne peut qu'être douce elle-même ; l'action qui procède d'un cœur et d'un cerveau purifiés ne peut qu'être juste et bonne.

Tel est le triple lien qui lie l'aspirant à l'humanité d'une part et, de l'autre, à son Maître ; le triple lien qui, dans plusieurs grandes religions, est considéré comme le symbole de la parfaite maîtrise de soi : maîtrise de la pensée, de la parole et de l'action. Tel est le triple lien qui lie l'homme au service suprême, qui lie le disciple aux pieds de son Maître, le triple lien qu'il n'est point facile de rompre.

Ces choses une fois comprises, notre candidat, tout en travaillant à les appliquer journellement dans sa vie, doit commencer à mettre en œuvre pour la construction de son caractère un ensemble de pratiques méthodiques, nettement déterminées. Et d'abord, il devra se construire ce que nous appelons un "Idéal".

L'intelligence, travaillant dans son domaine propre, doit construire une image intérieure, image dont les éléments seront empruntés en grande partie, au fur et à mesure de la croissance de l'homme, à des sources extérieures. Mais bien que les matériaux en soient empruntés au monde extérieur, l'idée elle-même résulte de l'élaboration interne de ces matériaux par l'intelligence. Une idée est, dans sa plus haute acception, une chose abstraite ; et si nous parvenons à concevoir la genèse d'une idée abstraite dans la simple conscience cérébrale, il nous sera facile de comprendre clairement ce qu'on peut entendre par un "Idéal". Une légère extension de l'idée obtenue nous donnera exactement ce dont nous avons besoin.

Je prendrai l'exemple classique, l'idée abstraite du triangle. L'idée du triangle peut se former tout d'abord, dans la conscience cérébrale de l'enfant, par l'étude d'un grand nombre de figures qu'on lui dit être des triangles. Il remarquera qu'elles ont des formes très différentes, qu'elles sont formées de lignes orientées suivant des directions très diverses. Il trouvera, en les examinant séparément avec sa conscience cérébrale d'enfant, qu'elles diffèrent énormément. Il les prendra donc à première vue pour des figures différentes, et ne pourra reconnaître certaines unités sous-jacentes qui donnent à toutes ces figures le même nom. Mais à mesure que

III. — LA CONSTRUCTION DU CARACTÈRE   95

son travail de pensée se poursuit, l'enfant apprend graduellement qu'il y a certains éléments invariables qui servent de base au concept unique du triangle; qu'il comporte toujours trois lignes droites et trois angles, que la somme de ces trois angles a toujours une certaine valeur déterminée, que les trois lignes, appelées les côtés du triangle, ont entre elles certains rapports, et ainsi de suite. À mesure qu'elle étudie, l'intelligence s'assimile toutes ces conceptions diverses; puis par une sorte d'élaboration collective, elle en extrait ce que nous appelons l'idée abstraite du triangle, qui n'a ni forme ni grandeur particulière, et dont les angles, pris séparément, n'ont aucune valeur déterminée. Et cette idée abstraite est construite par l'opération de l'intelligence sur la multiplicité des formes concrètes, du moins en ce qui concerne la conscience cérébrale; car je laisse de côté, pour le moment, l'idée plus haute dont cette abstraction n'est peut-être qu'un reflet. Voilà donc comment se construit, dans le cerveau, une idée abstraite qui n'a ni couleur ni forme, dont les caractéristiques ne peuvent être exprimées par aucune figure particulière, et qui réunit néanmoins en elle ce qui fait l'unité d'une multitude de figures diverses.

L'idéal que nous devons construire est un concept abstrait de nature analogue. Il est l'œuvre de la faculté imaginative de notre intelligence, qui extrait l'essence de tout ce qu'elle a pu obtenir en fait d'idées relatives aux grandes vertus, relatives à ce qui est beau, à ce qui est vrai, à ce qui est harmonieux, à ce qui est compatissant, à ce qui satisfait au plus haut point les aspirations de l'esprit et du cœur. De toutes ces idées différentes, telles qu'elles ont été perçues dans leur manifestation imparfaite, l'intelligence extrait l'essence puis elle construit et projette devant elle une vaste figure héroïque où toute chose est amenée à sa perfection, où toute chose atteint son expression la plus haute et la plus complète. Ici, l'esprit n'envisage plus les choses vraies, mais la vérité ; il n'envisage plus les choses belles, mais la beauté ; il n'envisage plus les choses fortes, mais la force ; il n'envisage plus les choses tendres, mais la tendresse ; il n'envisage plus les êtres aimants, mais l'amour même. Et c'est là la figure parfaite — puissante et harmonieuse en toutes ses proportions, plus sublime que tout ce que nous avons vu sur terre, inférieure seulement à ces lueurs de la Beauté suprême que l'esprit, en de rares moments d'inspiration, rayonne d'en haut sur notre intelligence ; — c'est là l'idéal de perfection que l'aspirant se construit à lui-même, aussi parfait qu'il peut le concevoir, sachant bien, néanmoins, que son rêve le plus sublime n'est que l'ombre pâle, infiniment vague, de la Réalité qu'il veut refléter. Car dans le monde du Réel il existe en Lumière vivante, planant dans les profondeurs infinies du ciel au-dessus des sommets neigeux de l'aspiration humaine, l'Archétype éternel dont l'homme n'entrevoit ici-bas qu'un vague reflet aux pâles couleurs. Tout ce que l'Âme humaine peut imaginer de plus parfait, de plus sublime, tout ce qu'elle peut concevoir du Tout ultime qu'elle cherche, tout cela n'est que l'ombre et le reflet de l'Éternel Réalité. L'idéal que l'homme se construit est donc bien imparfait, car il ne peut être autrement. Mais quelque imparfait qu'il soit, il n'en est pas moins son idéal à lui, l'idéal suivant lequel la construction de son caractère doit être entreprise.

Mais pourquoi construire un idéal ? Ceux d'entre vous qui m'ont suivi jusqu'à ce point, à travers les opérations de la pensée humaine, sauront pourquoi un idéal est nécessaire. Laissez-moi vous citer deux passages des Écritures, empruntés l'un à l'Inde, l'autre au Christianisme, afin de vous montrer comment les Initiés parlent des mêmes faits quelle que soit la langue qu'ils emploient, quelle que soit la civilisation à laquelle ils s'adressent. Il est dit dans l'un des plus mystiques d'entre les Upanishads, le *Chhândogya :* "L'homme est une créature de réflexion ; ce à quoi il réfléchit, il le devient ; réfléchis donc sur Brahman [14]." Plusieurs mil-

---

14   *Chhândogya Upanishad*, III, XIV, I.

liers d'années après, un autre grand Instructeur, l'un de ceux qui bâtirent le Christianisme, formule, en d'autres termes exactement la même pensée : "Ainsi nous tous, contemplant à visage découvert, comme dans un miroir, la gloire du Seigneur, sommes transformés en cette même image, de gloire en gloire [15]."

"Contemplant comme dans un miroir ..." car l'intelligence est un miroir qui reflète les images projetées sur lui ; et l'Âme qui dans le miroir de l'intelligence contemple la gloire du Seigneur, est, de gloire en gloire, transformée en cette divine image. Ainsi donc, sous les paroles du Sage de l'Inde et sous celles du Saint chrétien, à travers les Écritures Saintes de l'Occident comme à travers celles de l'Orient Antique, le même enseignement de la Grande Fraternité nous est nettement transmis ; il faut avoir un idéal devant vous afin de le refléter, et l'objet sur lequel l'esprit médite sans cesse est nécessairement ce que l'homme lui-même deviendra.

Et comment élèverons-nous notre édifice vers l'idéal ? — Car c'est là la question qu'il nous reste à considérer maintenant.

— *Par la contemplation.* Délibérément, de plein propos, choisissant son heure qu'il ne variera point,

---

15   2ᵉ *Ép. aux Corinthiens*, III, 18.

III. — LA CONSTRUCTION DU CARACTÈRE

l'aspirant qui travaille à discipliner son caractère contemplera, de jour en jour, l'idéal qu'il a construit. Il fixera sur lui sa pensée, et sa conscience le reflètera sans cesse. De jour en jour il reviendra sur les traits de l'idéal aimé ; de jour en jour il méditera sur lui dans sa pensée. Et à mesure qu'il contemplera, il sentira naître en son cœur, inévitablement, ce respect et cette notion sainte qui marquent l'adoration, la grande puissance transformatrice par où l'homme devient lui-même ce qu'il adore. Et cette contemplation sera essentiellement celle qui vénère en même temps qu'elle aspire. À mesure que l'homme contemplera, les rayons de l'Idéal Divin descendront sur lui, pour les recevoir, son aspiration ouvrira les portes de l'âme. En sorte que ces rayons l'illumineront intérieurement et projetteront ensuite leur lumière en dehors, l'Idéal lumineux planant sans cesse en lui et au-dessus de lui, et marquant le sentier qu'il doit suivre.

Afin de pouvoir contempler ainsi, l'homme doit s'entraîner à la concentration. L'intelligence ne doit pas être dispersée comme elle l'est trop souvent. Il faut apprendre à la fixer et à la fixer fermement. Cette fixation de la pensée doit être pour nous l'objet d'un exercice continuel. Il faut y travailler à travers toutes les occupations banales de la vie journalière. Pour cela, il suffit de nous appliquer à faire toujours une seule chose à la fois, jusqu'à ce que notre cerveau obéisse docilement à notre volonté ; il suffit d'accomplir chacun de nos devoirs avec toute la force de notre intelligence concentrée sur un point unique. Vous objecterez sans doute, que la plupart de vos occupations sont triviales. Peu importe. L'entraînement qui fera de vous un disciple ne tient pas à la nature même des choses que vous faites, mais seulement à la manière dont vous les faites. Ce qu'il faut prendre en considération, ce n'est pas le genre de travail qui vous est dévolu dans le monde ; c'est la méthode que vous apportez à ce travail, la pensée que vous y consacrez, les forces que vous y appliquez, entraînement que vous en retirez. Encore une fois, peu importe ce qu'est votre vie ; vous pouvez la faire servir, telle quelle, à votre entraînement Quelque triviale que puisse être à vos yeux l'occupation du moment, vous pouvez l'employer comme un terrain entraînement pour votre pensée. Quel que soit l'objet qui vous occupe actuellement, vous pouvez, par votre attention soutenue, donner à votre esprit l'habitude de la concentration spontanée. Et souvenez-vous qu'une fois la faculté acquise, vous serez libres de l'appliquer comme bon vous semblera. Dès que vous aurez appris à tenir votre pensée fermement en main, vous pourrez l'orienter à volonté et choisir librement l'objet sur lequel ses forces seront concentrées.

III. — LA CONSTRUCTION DU CARACTÈRE

Mais en attendant, vous pouvez vous exercez et acquérir cette maîtrise de la pensée, dans les petites choses tout aussi bien que dans les grandes. En fait, vous le pouvez même beaucoup mieux, parce que les petites choses vous entourent à toute heure, tandis que les grandes ne se présentent que rarement. En présence d'une grande chose l'esprit rassemble, d'instinct, toutes ses forces; en présence d'une grande chose, toutes les énergies de l'âme sont appelées à agir, afin qu'elle puisse aborder dignement la noble tâche qui la réclame. Mais la valeur réelle de l'Âme se révèle plutôt dans les petites choses où rien n'excite l'attention, où nul applaudissement ne nous attend, où l'homme travaille délibérément pour la fin qu'il s'est choisie et emploie tout ce qui l'entoure comme moyen de se discipliner.

Cette discipline que l'homme s'impose est la clef de toute la méthode. Organisez votre vie suivant un plan déterminé. Établissez pour vous-mêmes certaines règles auxquelles votre existence se conformera; puis, ces règles une fois établies, suivez-les. Si vous croyez devoir les modifier, modifiez-les délibérément comme vous les avez d'abord établies. Prenez une chose toute simple : par exemple, une règle fixe pour vous lever le matin (une telle règle a son importance, car le corps doit, lui aussi, être gouverné). Fixez l'heure que vous croyez être la meilleure pour votre travail, l'heure qui s'adapte le mieux à l'organisation de votre vie domestique. Une fois cette heure fixée, maintenez-la. Ne permettez pas au corps de choisir son heure sous l'impulsion du moment, mais habituez-le à cette obéissance instantanée et automatique, qui peut, seule, en faire un serviteur utile de l'intelligence. Si, après quelque temps de pratique, vous trouvez que votre choix est mauvais, changez. N'allez pas tomber dans le rigorisme sous prétexte de fortifier votre volonté. Soyez toujours prêt à changer ce qui ne convient pas, mais changez-le à l'heure qui vous convient, et de propos délibéré. Ne le changez pas sous l'influence de la passion, de l'émotion ou de quelque désir corporel. Ne le changez pas sur la demande de la nature inférieure qui doit être maîtrisée Mais changez-le si vous trouvez que vous avez mal choisi. Car jamais les règles imposées à votre propre vie ne doivent être une gêne pour ceux qui vous entourent; jamais il ne faut choisir, pour vous discipliner, des méthodes susceptibles d'impatienter ou de gêner les autres au lieu d'être limitées à votre propre entraînement.

La méthode à employer dans la construction du caractère une fois nettement comprise, il vous restera à étudier le caractère lui-même. Car il faut travailler non pas aveuglément, mais en connaissance de cause. Afin de juger votre propre caractère, vous agirez peut-être sagement en considérant quelques-unes des qualités que de grands hommes vous proposent, qualités dont l'ensemble forme l'esquisse d'un caractère susceptible de vous conduire au seuil même du Temple. Prenez, par exemple, l'esquisse que Shri Krishna donne à Ardjouna dans le XVIe chapitre de la *Bhagavad Gîta,* alors qu'il lui explique les qualités nécessaires à la formation du caractère divin. Vous pouvez prendre cette description comme un modèle à suivre dans votre propre construction. Il y a là une liste de qualités qui pourraient faire l'objet de votre pensée et de votre effort constant. Et souvenez-vous ici que le caractère se construit d'abord par la contemplation de la vertu, puis par la mise en œuvre, dans la parole et dans l'action de la vie quotidienne, de cette vertu, devenue partie intégrante de la pensée.

Voici donc cette liste (quelque immense qu'elle puisse sembler, vous avez tout le temps de la remplir) : "L'absence de toute crainte, la pureté du cœur, la constance dans le Yoga de la Sagesse, la charité, la maîtrise de soi, le sacrifice et l'étude des Écritures, l'austérité et la franchise, la véracité, l'absence de colère, le renoncement, la paix, l'absence de calomnie, la compassion envers les êtres vivants, l'absence de tout désir, la douceur, la modestie, l'absence de caprice, l'audace, la clémence, la magnanimité, la droiture, l'affection, l'absence de tout orgueil. — voilà ce qui devient l'apanage de celui qui naît avec les qualités divines."

Ces vertus ne lui appartiennent pas d'emblée, mais elles *deviennent* son apanage, et cela, par la construction du caractère. Et si vous relisez cette liste avec soin, dans un moment de loisir, vous verrez que l'on peut grouper ces vertus en des catégories nettement déterminées, et que chacune peut être pratiquée, bien imparfaitement d'abord, mais néanmoins avec constance, de jour en jour, sans jamais se décourager parce qu'on ne réussit point. Seule, doit subsister la joie de sentir que le but est là, de savoir que chaque pas est un pas vers une fin qui sera nécessairement réalisée. Et remarquez comme à travers toute cette trame sont tissés les fils d'or du désintéressement, de l'amour, de l'innocence; voyez comment le courage, la force, l'endurance y trouvent aussi leur place, donnant au caractère un équilibre exquis. C'est un caractère fort et tendre à la fois, audacieux et compatissant, un caractère puissant et immuable, et prêt à se dévouer au secours des faibles, un caractère rempli de dévotion et de pureté, un caractère discipliné, et par suite harmonieux.

Supposons que vous acceptiez un tel caractère comme idéal destinée à guider votre pensée de chaque jour, et que vous commenciez à le mettre en œuvre dans ces détails. Considérons un point qui se présente fréquemment au cours de cet effort, un point qui résume à lui seul plusieurs autres vertus et donne lieu à bien des malentendus. Considérons un instant cette vertu collective, et voyons quel sera son rôle dans la construction du caractère. Cette vertu porte un nom qui rend un son étrange aux oreilles occidentales : c'est l'*Indifférence*. On l'énonce parfois, d'une manière plus détaillée, comme indifférence au plaisir et à la douleur, indifférence au chaud et au froid, indifférence à la louange ou au blâme, indifférence au désir et à l'aversion, et ainsi de suite. Que signifie donc réellement cette indifférence ?

Avant toute chose, elle signifie ce sentiment de la relativité, qui s'introduit nécessairement dans la vie de quiconque a entrevu le Réel parmi les choses qui passent, la Lumière éternelle cachée au sein des ombres éphémères. L'immensité du but une fois comprise, la multiplicité des existences humaines une fois admise, lorsque l'aspirant conçoit qu'il a devant lui l'éternité, lorsqu'il comprend toute la grandeur de la tâche à accomplir et tout l'infini des possibilités qui l'attendent, encore cachées sous le voile mystérieux de l'avenir ; — lorsque l'homme a entrevu la lumière du Réel, toutes les choses d'une courte vie doivent prendre la place qui leur revient en proportion avec le tout. Aussi, lorsqu'une épreuve se présentera, cette épreuve ne semblera plus aussi grave qu'au jour où l'homme n'envisageait qu'une existence unique. Car il commencera à comprendre qu'il a traversé déjà bien des épreuves, et qu'il n'en est sorti que plus fort et plus paisible. Et lorsqu'une joie se présentera, il saura qu'il a traversé déjà bien des joies, et qu'à leur école aussi il s'est instruit, et qu'entre autres choses elles lui ont appris que leur nature est éphémère. En sorte que, s'il se présente une joie ou une peine, il les acceptera ; loin de leur être insensible, il les sentira beaucoup plus vivement que l'homme ordinaire du monde ne peut sentir. Mais il les sentira à leur vraie place, il les estimera à leur réelle valeur dans le vaste ensemble de sa vie.

À mesure que l'homme se perfectionne en cette indifférence, il ne faut pas croire qu'il devienne insensible. Au contraire, il ressent de plus en plus nettement les moindres frémissements de la vie en lui et hors de lui. Puisqu'il s'harmonise de plus en plus avec le Tout, il doit nécessairement devenir plus sensible à chaque nuance d'harmonie que ce Tout renferme. Mais pas une de ces vicissitudes n'est capable de l'ébranler, pas une d'entre elles n'est capable d'ébranler sa sérénité parfaite, car sa vie réelle prend racine en un lieu où il n'y a point de tempêtes, en un lieu que nul changement ne peut atteindre ; et tout en restant sensible aux modifications, jamais plus sa volonté ne peut être influencée par elles. Toute chose prend la place qui lui revient, en proportion avec le cycle immense de la vie de l'âme.

Cette indifférence, cette réelle indifférence qui est synonyme de *force*, comment la développerez-vous?

Vous la développerez d'abord en méditant journellement, suivant la méthode déjà indiquée, sur la signification de cette vertu : en l'étudiant trait par trait jusqu'à ce que vous la compreniez parfaitement, en étudiant détail par détail de manière à savoir exactement ce qu'elle représente à vos yeux. Ensuite, — quand vous vous mêlerez à vos semblables — en la mettant en pratique dans votre vie quotidienne. Vous la mettrez en pratique, non pas en devenant durs, mais en faisant croître en vous la sympathie; non pas en vous entourant d'une cuirasse qui tient tout à distance, mais en arrivant à répondre aux moindres vibrations du dehors. En même temps vous conserverez un équilibre intérieur qui se refusera à se laisser influencer, alors même que la secousse se ferait sentir jusqu'au fond.

C'est là une leçon pénible et difficile, mais une leçon qui donne tant d'espoir et de joie, un tel regain d'intensité et d'activité vitales que, pour ces avantages seuls, il vaudrait la peine de l'apprendre. Car l'Âme se sentant devenir trop forte pour pouvoir être ébranlée tout en restant sensible à chaque vibration de l'extérieur, voit sa vie s'élargir merveilleusement ; elle voit l'harmonie devenir plus complète, elle voit sa conscience toujours grandir et toujours plus s'affirmer son identité avec l'ensemble dont elle fait partie. À mesure que s'évanouit le sentiment d'isolement, l'Âme est inondée de la joie qui réside au cœur des choses et, là même où l'homme du monde voit des peines il n'y a plus rien, pour le disciple, de pénible. Car ces peines il les sent, en quelque sorte, comme faisant partie de la Vie Universelle. Elles ne sont pour lui qu'une syllabe dans l'immense langage de la Manifestation. Il peut en apprendre le sens, le cœur libre de souffrance ; car la paix, fruit de son savoir grandissant, le compense et au-delà : elle transforme, pour ainsi dire, son attitude à l'égard de toutes ces expériences du monde extérieur envisagées par les hommes comme des souffrances et des pertes. Pensant et agissant de la sorte, vous verrez ce sentiment croître en vous — ce sentiment de calme, de paix, de sérénité. Aussi vous semblera-t-il être dans un lieu paisible, quelle que soit la tempête du monde extérieur. Vous verrez et sentirez la tempête mais n'en serez pas ébranlé.

Paix intime et profonde que jamais rien ne trouble, voilà les prémices de la Vie Spirituelle. Elle se manifeste d'abord par la paix, puis par la joie de l'âme, et fait de la vie du disciple un développement continu

III. — LA CONSTRUCTION DU CARACTÈRE 109

dont le but est d'aller toujours plus haut, toujours plus avant jusqu'au cœur même des choses, qui est Amour. Ceci fait naître le sentiment que nous sommes maître de nous-même, que le Soi en nous est plus fort que les changements extérieurs. Le Soi veut que les contacts extérieurs trouvent un écho en lui, mais il ne veut pas se laisser troubler par eux. Alors, de l'empire sur soi-même et de l'indifférence, naît cette faculté de ne haïr personne, faculté sur laquelle il est tant insisté au cours de la construction du caractère demandée à l'aspirant qui voudrait devenir disciple. On ne doit rien haïr. Tout doit être ramené dans le cercle de l'Amour. Peu importent les dehors les plus repoussants : au cœur de toutes choses sont la Vie et l'Amour. Aussi, l'aspirant qui s'instruit ne saurait-il rien exclure du cercle de la compassion. Tous les êtres y étant admis en tenant compte de la sensibilité par eux acquise, il devient leur ami à tous, il aime tout ce qui est doué de vie et de sensibilité.

En faisant entrer de telles pierres dans la construction de son édifice moral, l'aspirant devient intrépide ; intrépide, car, ne haïssant rien, rien ne peut lui faire du mal. Le mal qui nous vient de l'extérieur n'est que la réaction de ce qu'il y a en nous d'agressif. Nous sommes les ennemis des autres, voilà pourquoi ils sont, à leur tour, nos ennemis. Nous allons de par le monde en infligeant le mal, voilà pourquoi les êtres vivants nous font le mal en retour. Nous qui devrions aimer les êtres, nous promenons partout la destruction, la tyrannie et la haine, recherchant nos semblables pour les tyranniser et non pour les former — comme si la tâche de l'homme ici-bas n'était pas de former ses frères plus jeunes et d'employer à leur relèvement toute sa tendresse et toute sa compassion. Nous allons de par le monde en tyrannisant les autres, hommes ou brutes, dès qu'ils sont plus faibles que nous — que dis-je, leur faiblesse même donne souvent la mesure de notre tyrannie, et leur débilité la mesure du fardeau que nous leur imposons. Et nous sommes surpris que les créatures vivantes nous fuient — que dans le monde, nous sommes accueillis par la crainte des faibles, par la haine des forts ! Nous ignorons, dans notre aveuglement, que toute la haine du monde extérieur est le reflet du mal qui est en nous et que, pour le cœur aimant, il n'est rien de haïssable — rien par conséquent qui puisse nuire. L'homme en qui est l'amour peut marcher sans danger à travers la jungle, il peut entrer sans être attaqué dans le repère des fauves ou prendre en ses mains le serpent. Car le cœur où tout est amour ne voit de haine nulle part. L'amour qui envoie ses rayons dans le monde et attire à lui toutes choses pour les servir et non pour leur faire du mal, éveille en toutes choses, par cette attraction, l'amour et non la haine. Voilà pourquoi le tigre se roule, en ami, aux pieds du Yogi, aux pieds du saint, la bête la plus sauvage dépose ses petits, lui demandant abri et secours ; voilà pourquoi tous les êtres vivants viennent à l'homme qui aime, car tous sont d'origine divine. Le Divin est Amour et quand ce principe est devenu parfait dans l'homme, il attire à lui toutes choses.

Nous apprenons donc graduellement et lentement à marcher sans crainte, bien que nous puissions avoir encore des souffrances à subir. Car — nous le savons — si l'on nous fait du mal, c'est seulement que nous payons la dette d'un passé mauvais ; avec le paiement de chaque dette, nous sentons diminuer ce qui est, en quelque sorte, notre passif inscrit au grand livre de la Nature.

Nous serons sans crainte aussi parce que nous arriverons à savoir, et que la crainte naît du doute aussi bien que de la haine. L'homme qui *sait* a laissé le doute en arrière et marche d'un pas assuré là où il sait pouvoir marcher ; son pied ne rencontre qu'un terrain solide et il n'y a point de piège sur son chemin. Il en résulte une volonté basée sur le savoir et rendue confiante par l'amour. En traversant l'Enceinte Extérieure, le pas de l'aspirant devient plus ferme, sa décision plus inébranlable et plus forte. Le caractère commence à présenter un aspect défini, clair et distinct, car l'Âme approche de sa maturité.

Alors vient l'absence de désirs, le détachement graduel de toutes les chaînes qui nous lient au monde extérieur, l'élimination progressive de toutes les convoitises que l'expérience des vies passées nous a montrées comme incapables de satisfaire notre âme ; alors vient la cessation du désir personnel et l'identification graduelle de nous-mêmes avec le tout. Car cet aspirant qui se développe ne veut plus se laisser lier aux réincarnations par des liens terrestres. Les hommes reviennent sur la terre parce qu'ils y sont retenus, liés par cette chaîne de désirs qui les attache à la roue des naissances et des morts. Mais l'homme dont nous parlons entend devenir libre. L'homme qui va être libre doit briser lui-même cette chaîne des désirs. Une seule chose peut le lier encore, une seule chose peut le ramener en incarnation : l'amour de ses semblables, le désir de les servir. Il n'est pas attaché à la roue, car il est libre — mais il peut revenir afin de tourner une fois de plus la roue de l'amour de ceux qui y sont liés, afin de rester auprès d'eux jusqu'à ce que toutes les Âmes aient brisé leurs entraves. En devenant libre, il brise les liens de la nécessité. Il apprend ainsi le désintéressement parfait, car l'expérience lui montre que ce qui est bon pour tous est précisément ce qu'il cherche lui-même, et que son but personnel et le bien de l'Ensemble sont identiques. Puis il apprend à compter sur lui-même. Cet homme qui s'élève vers la lumière apprend à devenir fort afin de pouvoir aider autrui ; il apprend à compter sur le Soi en lui-même, qui est le Soi de tous, et avec lequel, en se développant, il tend à s'identifier de plus en plus.

Il est une épreuve que l'aspirant doit affronter et dont il faut dire quelques mots, car elle constitue peut-être une des phases les plus pénibles dans la traversée de l'Enceinte Extérieure. En pénétrant dans cette Enceinte, connaissant et voyant l'immense joie qui est au-delà, il s'était détourné de bien des objets qui font, pour ses semblables, le charme de la vie. Mais il arrive parfois pour l'Âme un moment d'angoisse pénible, où, s'étant en quelque sorte élancée dans le vide, aucune main ne semble tenir la sienne, où l'obscurité l'enveloppe et où ses pieds ne rencontrent plus d'appui. Il y a des moments, dans ces phases de la croissance de l'Âme, où rien de terrestre ne peut plus la contenter, où les vieilles amitiés sont moins vives, où les joies de ce monde ont perdu toute leur saveur, où nous ne sentons pas encore — bien qu'elles nous tiennent — les mains qui nous attendent, où le roc sous nos pieds — bien que nos pieds s'y posent — ne nous apparaît pas encore comme immuable et fixe, où l'Âme, couverte encore d'un voile épais d'illusion, se croit délaissée et ne sait à qui demander du secours. C'est le vide où tout aspirant a dû plonger à son tour; c'est le vide que tout disciple a franchi. Quand il s'ouvre, béant devant l'Âme, l'Âme recule. Quand il apparaît — obscur et insondable en apparence — l'aspirant, debout sur le bord, recule épouvanté. Et pourtant cette crainte est sans raison. Jetez-vous hardiment dans le vide et vous y trouverez la plénitude! Élancez-vous dans les ténèbres et vous trouverez le roc sous vos pieds! Lâchez les mains qui vous retiennent, et des Mains plus puissantes saisiront les vôtres et vous tireront en avant. Ces Mains-là ne vous abandonneront jamais. Les étreintes terrestres faiblissent quelquefois, la main d'un ami peut s'échapper de la votre et la laisser vide, mais les Amis qui sont sur l'autre bord ne lâchent jamais prise, quelles que soient les vicissitudes terrestres. Avancez-vous donc hardiment dans les ténèbres. Vous trouverez que votre solitude est la plus grande des illusions et que cette obscurité est une lumière qui ne s'éteindra plus pour vous. Cette épreuve, une fois franchie, semblera complètement illusoire; et le disciple, s'il ose s'élancer, se trouvera sain et sauve sur l'autre rive.

Ainsi se poursuit la construction du caractère. Elle se continuera à travers les vies à venir, de plus en plus noble à chaque vie nouvelle. Ces premières assises sont simplement les fondations de l'édifice que je vous ai fait entrevoir; et si l'entreprise parait immense, c'est que, dans l'imagination de l'architecte, l'édifice est toujours complet. Dès les premières lignes du plan, l'imagination voit l'édifice terminé et connaît le but vers lequel elle travaille.

Et la fin ? Ah ! La langue humaine est impuissante à décrire la fin de cette construction du caractère. Les couleurs sombres de la terre ne peuvent donner la moindre idée de la beauté de cet Idéal parfait que nous espérons atteindre — que dis-je, que nous savons devoir atteindre un jour. Vous est-il jamais apparu, dans les heures silencieuses ? En avez-vous jamais aperçu un reflet dans la paix de la terre et dans le calme du ciel ? Avez-vous jamais entrevu ces Figures divines, vivantes et agissantes — ces Êtres qui furent des hommes mais sont maintenant plus que des hommes, surhumains dans Leur majesté — exemple de ce que deviendra l'humanité mais de ce qu'elle n'est pas encore, sauf dans les dernières Enceintes du Temple ?

Si vous n'avez jamais eu cette vision dans vos instants de plus profond silence, toutes mes paroles sont inutiles pour vous la dire. Vous connaissez la comparaison qui semble d'abord constituer l'être tout entier, dans sa radieuse perfection, dans sa glorieuse divinité; la tendresse, immense au point de s'abaisser jusqu'aux plus petits et de planer au-dessus des plus grands, tendresse à qui n'échappent ni l'effort le plus faible ni le plus grandiose succès, tendresse plus profonde, en vérité, pour les faibles que pour les forts, puisque les faibles ont un plus grand besoin d'aide et de sympathie constante; l'amour dont le caractère si parfaitement humain voile seule la nature divine, l'amour qui nous fait sentir qu'en Eux homme et Dieu sont un.

Et derrière la tendresse, la force, — la force que rien ne peut altérer, la force qui participe à la nature des fondements mêmes de l'Univers, et qui pourrait servir de base aux mondes sans être ébranlée. Force infinie jointe à une compassion sans limites — comment ces qualités peuvent-elles se rencontrer en un seul Être dans une harmonie aussi parfaite! Puis la joie radieuse, la joie triomphante qui voudrait partager avec tous sa béatitude, le soleil rayonnant qui ne connaît point d'ombre, la gloire de la conquête achevée qui promet à tous la victoire, la joie d'une vision qui voit plus loin que la souffrance, et sait, en présence même de la douleur, que tout finira dans la paix.

Tendresse, force, joie, paix ineffable — paix d'un lac tranquille, sérénité que rien ne peut troubler: — voilà quelques traits de l'Idéal que nous réaliserons un jour en nous. Si nous osons porter nos regards à ces hauteurs, c'est que Leurs Pieds foulent encore la terre où nous marchons nous-mêmes. Ils se sont élevés bien au-dessus de nous, mais ne s'en tiennent pas moins aux côtés de Leurs frères. Ils nous surpassent, mais ne nous ont pas abandonnés pour cela, bien qu'à tous égards. Ils échappent à notre entendement. Car toute l'humanité trouve place dans le cœur du Maître, et là où est l'humanité, nous, ses enfants, pouvons penser sans crainte à notre présence.

L' Alchimie spirituelle

IV

L'ALCHIMIE SPIRITUELLE

Les trois conférences précédentes ont eu pour objet les progrès, simultanément réalisés, par lesquels l'aspirant doit, pour pénétrer dans le Temple, se purifier graduellement, maîtriser ses pensées et construire son caractère ou, plus exactement, en poser les fondements. Telles sont les trois phases que nous avons considérées. Nous avons vu que tout homme, en entrant dans l'Enceinte Extérieure et en prenant pour objectif la grande tâche, doit faire ces différents efforts parallèlement plutôt que successivement, cherchant, petit à petit, à maîtriser sa nature en l'employant à la poursuite du but qu'il se propose d'atteindre.

Ayant pris successivement ces trois phases — il le fallait pour plus de clarté — supposons que notre candidat tourne maintenant son attention vers une autre partie de sa grande tâche. J'ai donné à cette partie le nom d'Alchimie Spirituelle, entendant par ce terme un processus de transformation, de transmutation — allusion évidente, à l'œuvre de l'Alchimiste qui fait d'un métal de peu de valeur un métal plus noble, qui change par exemple le cuivre en or. La transmutation dont je veux parler s'opère dans le monde, autour de nous; elle s'opère dans une certaine mesure, j'imagine, dans l'esprit et dans la vie de toute personne réfléchie et religieuse. Seulement, comme je l'ai si souvent répété, elle est consciente et volontaire chez notre candidat qui voit les moyens et le but, et s'applique de propos délibéré à l'accomplissement de son désir.

Ce processus d'alchimie spirituelle peut être regardé, dans le sens le plus général du terme, comme une transmutation de forces. Tout homme possède la vie, l'énergie, la vigueur, la puissance de volonté et ainsi de suite. Voilà les forces qui doivent lui servir d'instruments — voilà les énergies qui lui feront atteindre son but. En vertu d'un processus qu'on peut bien appeler alchimique, il transmue ces forces en les appliquant à des fins plus hautes; il les transmue, d'énergies grossières qu'elles étaient en énergies purifiées et spiritualisées. Ce n'est pas seulement qu'il change leur objectif — ou que le changement d'objectif soit le point que j'entends faire ressortir ici; — c'est plutôt qu'il change et purifie les forces elles-mêmes sans altérer cependant leur nature essentielle. Tel l'alchimiste, prenant une matière grossière et lui faisant subir un processus de purification intime. Il ne se contente pas d'en éliminer les impuretés extérieures mais, poussant la purification beaucoup plus loin, il prend le métal lui-même et le ramène à un état plus subtil — pour faire entrer ensuite ces éléments dans la composition d'un type plus noble et plus quintessencié. Vous pouvez donc vous représenter l'alchimiste spirituel prenant toutes les forces de sa nature, les reconnaissant comme des forces et sachant par conséquent leur utilité et leur nécessité — mais les changeant, les purifiant et les affinant méthodiquement. Nous allons étudier la manière dont l'affinage s'opère, la manière dont le but peut être atteint.

L'alchimie spirituelle n'a pas seulement pour objet cette transmutation de forces, bien que ce soit là son but principal. Elle en a un autre, secondaire, dont il faut tenir compte. Les âmes sont liées à l'existence terrestre, à la roue des naissances et des morts, par leurs désirs. Elles y sont maintenues par l'ignorance — enchaînées par leur convoitise des jouissances matérielles, des joies goûtées dans la séparation et dans l'ignorance. Toujours agissante, l'Âme se lie elle-même par ses actions. Qu'elles soient bonnes ou mauvaises, secourables ou malfaisantes — toujours elles présentent, chez l'homme ordinaire, un caractère commun : elles ont leur source dans le désir, et c'est le désir qui lie l'homme et qui l'enchaîne.

D'autre part, l'action elle-même continuera à être indispensable tant que l'homme restera dans le monde. L'action est nécessaire ; sans elle, plus de manifestation. À mesure qu'un homme grandit en noblesse, en sagesse et en force, son action devient un facteur de plus en plus important dans le progrès du monde. Si les hommes les plus évolués renonçaient à l'action, le progrès de notre race en serait ralenti et son évolution inévitablement retardée.

Comment sera-t-il donc possible que l'action s'accomplisse et que l'Âme reste libre ? — C'est ici encore, un cas d'alchimie spirituelle. Grâce à elle, l'homme le plus avancé agira, pour servir le monde, avec une activité suprême — mais son service ne l'engagera pas, car il est une Âme libéré. Voilà un exemple de ce qui semble paradoxal à première vue : un service laissant parfaitement libre celui qui le rend. Or, en parlant d'une alchimie spirituelle qui assure cette liberté, j'entends simplement faire allusion à la Loi fondamentale du Sacrifice — Loi suprême qui, dans l'univers manifesté, est à la base de tout, constamment proclamée ; Loi dont les formes sont si variées qu'il est aisé de la méconnaître, et dont l'action est si complexe qu'elle rend les erreurs faciles. L'erreur la plus facile à commettre consiste peut-être dans le choix même des expressions, car nous avons affaire à une vérité à faces multiples qui, surtout, offre un double aspect suivant qu'on la considère d'en haut ou d'en bas. Elle constitue une Loi universelle, gouvernant — on peut le dire — chaque atome. Elle est, dans toute la force du terme, l'expression de la Vie Divine manifestée.

En effleurant un sujet pareil, les occasions d'erreurs sont innombrables : erreurs de termes pour celui qui parle, erreurs d'interprétation pour les auditeurs qui ne peuvent saisir une pensée imparfaitement présentée. Aussi, dans cette étude, risque-t-on fort de se montrer partial suivant l'aspect qui, sur le moment, occupe plus particulièrement l'esprit — suivant qu'on se place au point de vue de la Matière ou au point de vue de l'Esprit, suivant que de l'extérieur on regarde le centre, ou que du centre on se tourne vers l'extérieur. Lorsqu'on veut étudier un sujet immense, faisant naître des pensées qu'aucune parole ne peut exprimer — un sujet dont la seule conception est à peine abordable pour des êtres peu développés comme nous — il est extrêmement malaisé, pour celui qui parle comme pour celui qui écoute, d'éviter les malentendus, d'éviter de sacrifier un point de vue à un autre, perdant par-là cet équilibre qui seul peut exprimer parfaitement la vérité.

C'est peut-être spécialement le cas en ce qui concerne la Loi du Sacrifice. Envisageons-la d'abord dans son aspect inférieur. Il n'est pas à négliger car il a beaucoup à nous apprendre, bien que, dans tous les mondes, son caractère d'infériorité apparaisse nettement. Envisageons d'abord la Loi telle que nous la trouvons exprimée dans la Nature manifestée, empreinte sur la face du Cosmos, agissant dans les mondes physique, astral et mental — impliquant, non seulement une certaine relation entre les êtres vivants tels que nous les connaissons ici-bas, mais aussi un rapport avec d'autres êtres vivants appartenant aux mondes qui nous entourent. Arrêtons-nous un instant sur cet aspect inférieur avant de vouloir nous élever plus haut, car, ici encore, nous apprendrons une leçon précieuse et féconde en lumières qui nous aideront à traverser l'Enceinte Extérieure.

Le sacrifice, dans les mondes inférieurs, pourrait assez exactement se définir comme un échange de services mutuels, une rotation continuelle de la roue de l'existence, dans laquelle chaque être reçoit et donne — ne peut pas éviter de recevoir et ne doit pas refuser de donner. Le sacrifice — si vous l'envisager un instant dans ce que j'ai appelé son aspect inférieur — vous apparaîtra donc comme la rotation continuelle de la roue de l'existence. Toutes choses y prennent part, consciemment ou non. Le caractère conscient de leur coopération sera en raison direct de leur développement. Cette manière d'envisager le sacrifice a été clairement exprimée, plus clairement peut-être que partout ailleurs, dans le Chant du Seigneur [16], un des livres sacrés de l'Inde, qui parle de cette roue de l'existence et où vous trouvez le sacrifice et l'action associés d'un façon qu'il est bon de apparaîtra. Le grand Maître dit :

> Le monde est lié par toute action ayant un but autre que le sacrifice. C'est avec le sacrifice pour but et libre de tout attachement, Ô fils de Kounti, que tu dois agir.

Puis, remontant dans le passé pour compléter le cycle du sacrifice par service mutuel, le Maître ajoute :

> Ayant, dans les temps anciens, par un acte de sacrifice, fait émaner l'humanité hors de lui-même, le Seigneur de l'Émanation dit : "Que votre propagation soit par-là assurée ; que ce soit là pour vous le Kamaduk (c'est-à-dire le lait du désir) ; vous en nourrirez les Dieux,

---

16 *Bhagavad Gîtâ.*

puissent les Dieux vous en nourrir. Vous nourrissant ainsi mutuellement, vous recueillerez le bien suprême. Car, nourris par le sacrifice, les Dieux vous accorderont la jouissance de ce que vous désirez." — En vérité, c'est un voleur celui qui jouit de Leurs dons sans rien Leur rendre. Les créatures subsistent par la nourriture ; la nourriture procède de la pluie ; la pluie naît du sacrifice, le sacrifice a sa source dans l'action. Sache que l'action procède de Brahmâ et que Brahmâ procède de l'Impérissable. Brahman, qui pénètre toutes choses, est donc toujours présent dans le sacrifice. Celui qui ne suit point ici-bas ce mouvement circulaire de la vie, pêche dans sa manière de vivre et, sensuellement heureux, cet homme, ô fils de Prithâ, mène une vie inutile [17].

Vous avez là cette roue de la vie qui constitue dans toutes les religions la base du sacrifice. Plus est pure, plus est élevée la religion, plus pure et plus élevée sera l'idée de sacrifice dont elle est imprégnée. Remarquez à quel point nous trouvons réalisée ici l'idée alchimique de toujours transformer. La nourriture se transfor-

---

17   *Bhagavad Gitâ*, III, 9-16.

me en êtres ; mais pour que la nourriture puisse exister, la pluie a été transformée en nourriture ; pour que la pluie pût tomber, le sacrifice a été offert aux Dieux ; — alors les Dieux nourrissent. Vous trouverez ce mouvement circulaire partout mis en évidence dans ces antiques religions. Le Brahmane, par exemple, jette dans le feu son sacrifice, car, est-il dit, Agni est la bouche des Dieux. Or, jadis, l'acte de jeter ce sacrifice dans le feu — accompagné qu'il était de Mantras composés par des hommes qui *savaient* et donnaient aux paroles du Mantra [18] une influence sur les forces inférieures de la Nature — cette manière de sacrifier régularisait beaucoup de ces forces naturelles qui, agissant sur la terre, produisent les aliments de l'homme. Bien que l'acte lui-même fût un symbole, ce qu'il symbolisait était réel, et la force qui procédait des lèvres du prêtre purifié, de l'homme de pouvoir, était réelle aussi. Le symbole devait enseigner au peuple ce mouvement circulaire de la vie, lui faire comprendre que l'action est, dans son essence, un sacrifice et que toute action doit être de la nature du sacrifice ; — en d'autres termes, qu'il faut accomplir l'action parce que cela est bien et sans autre motif ; qu'il faut l'accomplir pour mettre

---

18   Le "mantra" est la formule d'invocation qui accompagne l'acte de sacrifice. Les paroles sacramentelles de la religion chrétienne sont ce que l'Indou appellerait des mantras.

l'homme en harmonie avec la loi, qu'il faut l'accomplir parce que c'est la réponse de l'être à la loi et sa part dans la tâche commune.

D'après cette doctrine, le sacrifice constituait donc un lien commun, fil d'or unissant les êtres dans cet univers manifesté. Et l'action étant la base du sacrifice, l'action procédant du Dieu créateur qui se manifeste lui-même dans l'univers, il était dit que Brahman était présent dans chaque sacrifice. Dès lors toute action pouvait être accomplie comme un devoir envers le monde, sans désirer de profit individuel, sans désirer de gain personnel, sans souhaiter d'obtenir quelque chose pour le "moi" séparé, — c'est *ici* que se trahit le mobile inférieur, vil, égoïste, qui présida plus tard aux sacrifices. — Telle est l'essence même de cette alchimie qui, en contribuant à faire tourner la roue, en accomplissant le devoir pour l'amour du devoir, transforme l'action en sacrifice, consume les liens du désir et libère le sage. Ainsi brûlée dans le feu de la sagesse, l'action n'a plus aucune prise sur l'Âme. L'Âme coopère avec le divin dans la Nature, et chaque action jetée sur l'autel du devoir devient une force qui fait tourner la roue de la vie, mais n'est plus capable de lier l'Âme.

Cet échange constant, ce service mutuel, voilà une forme de la grande Loi du Sacrifice. La transformation opérée et caractérisée par le fait, que l'action, accomplie comme un devoir, devient une partie de l'harmonie universelle, fait progresser l'évolution, aide nettement à faire avancer la race. Le travail du novice, dans l'Enceinte Extérieure, consiste à s'entraîner graduellement à accomplir tout acte dans cet esprit de sacrifice comprenant clairement qu'il l'accomplit ainsi, en ne cherchant rien, en ne s'attendant à aucun profit, en ne sollicitant aucune récompense, accomplissant l'acte parce qu'il le doit, sans autre motif. Agir ainsi, c'est vraiment pratiquer l'alchimie spirituelle qui purifie toute action dans le feu de la sagesse; c'est — en se mettant consciemment en harmonie avec la Volonté divine dans l'univers manifesté — devenir une énergie secondant le progrès. La race entière recueille le bénéfice d'une action qui, autrement, n'aurait apporté à l'auteur du sacrifice qu'un fruit personnel — et ce fruit, à son tour, eût été pour l'Âme un lien, diminuant ses aptitudes virtuelles au bien. Voilà donc comment se présente le mécanisme de cette loi du sacrifice, envisagée sous son aspect inférieur.

Étudions-la maintenant à un point de vue plus sublime, afin d'éviter tout malentendu, j'essayerai de m'exprimer avec d'autant plus de soin, avec d'autant plus d'insistance, que je sais avec quelle facilité les erreurs peuvent résulter d'une exposition incomplète dont je serais moi-même responsable. Je veux ce soir m'arrêter un moment sur l'essence même du sacrifice, et chercher avec vous ce qu'il signifie réellement. Il me semble — et c'est là la pensée par laquelle je vous demande de commencer — que le sacrifice envisagé dans son essence intime, envisagé à un point de vue qui sera de plus en plus le nôtre à mesure que nous nous élèverons vers une vie plus divine — que le sacrifice, dis-je, consiste à donner ou à répandre au dehors. Il a pour motif le désir de donner; son essence est le désir passionné de prodiguer un objet possédé — objet précieux aux yeux de son possesseur et que celui-ci veut, pour cette raison, prodiguer afin d'aider et de réjouir les autres. Il faut donc envisager le sacrifice dans la nature — au point de vue intérieur, cette fois, et non sous son apparence externe — comme l'acte de donner, de prodiguer pour faire le bonheur d'autrui. Aussi, le sacrifice est-il essentiellement joyeux et non pénible, ayant en quelque sorte pour âme la joie du don lui-même.

Laissant de côté, pour y revenir plus tard, tout ce qui accompagne la genèse du sacrifice, commençons donc par admettre que le sacrifice, considéré en lui-même, est un don. Ce don est offert par une nature qui désir donner, par une nature qui aspire à se répandre au dehors, qui voudrait partager avec les autres son bonheur tout entier, n'ayant en cela qu'un seul mobile, cette unique aspiration à se répandre elle-même dans les autres pour s'unir à eux dans une même joie. Mais, me direz-vous, pourquoi dans la joie ? — Parce que je vous ai prié de me suivre jusqu'au cœur et au centre même de la Manifestation. Le sacrifice suprême, ai-je osé dire ailleurs [19], a été cet acte par lequel l'Existence Unique s'est limitée Elle-même, par lequel elle a donné naissance, sous forme d'énergie, au Logos manifesté. Or, je constate, — et c'est assez naturel car, en étudiant le processus et son action sur l'univers, j'ai trop insisté sur un de ses aspects — je constate, dis-je, que cette manière d'envisager le sacrifice a été comprise comme impliquant l'idée d'une "agonie du Logos", deux mots à mon avis contradictoires. Mais qu'est-ce que le Logos ? ... — Brahman manifesté. — Or, nous le trouvons maintes fois répété dans les Écritures anciennes, ayant, à leur tour, pour racine une science plus ancienne encore — que la nature de Brahman est félicité. Aucune autre conception n'est possible si vous tentez d'aborder par la pensée ce qui est au-delà de la manifestation. Brahman est Félicité — telle est la note tonale de la religion Aryenne la plus ancienne. Dans l'ascension de l'homme vers Brahman, l'ultime enveloppe de l'Âme est appelée l'Enveloppe de Félicité.

---

19   *Sagesse Antique*, chap. X. "La Loi du Sacrifice."

Étudiez, d'après le Râja Yoga de l'Inde, les véhicules permettant à l'Âme de se manifester dans les différents mondes. Vous verrez qu'en se retirant du monde inférieur l'Âme se dépouille des enveloppes inférieures. Elle rejette l'enveloppe corporelle, puis l'enveloppe du désir, puis l'enveloppe mentale, puis l'enveloppe de la sagesse. Et vous verrez que, dans cette ascension continuelle où elle se rapproche de plus en plus de ce Brahman qui est elle-même et retrouve de plus en plus sa nature essentielle — vous verrez qu'enfin il lui reste une enveloppe unique, la plus élevée, si subtile qu'elle la différencie à peine de l'Unique, — voile translucide assurant la conservation de l'identité individuelle, nécessaire pour contenir entièrement la récolte des âges écoulés. Cette enveloppe porte un nom; on l'appelle l'enveloppe de Félicité [20] — comme pour rappeler à tous ceux qui, dans ce monde se débattent dans les liens de l'ignorance — comme pour rappeler à chacun que ces progrès dans le Yoga, dans l'union avec l'Être Divin, doivent se poursuivre de phase en phase jusqu'au moment où l'Âme n'est plus enveloppée que de Félicité. Alors, nous est-il dit, "Brahman est Félicité".

---

20 Anandamayakosha.

Vous comprendrez donc, pour peu que vous saisissiez quelque chose de ce grand enseignement, qu'il ne peut exister de sacrifice, dans ces régions sublimes, qui ne soit un pur acte de joie, un pur acte de félicité — peu importe l'imperfection avec laquelle je l'ai personnellement exprimée — c'est que, de cette Nature suprême, de cette Félicité, est né l'univers; c'est que de cette limitation volontaire de l'être est sorti le Logos, qui est lui-même. L'objet de cette limitation volontaire de l'être divin a précisément été de répandre la félicité inhérente à sa propre nature essentielle, afin que, le cycle de l'existence une fois achevé, il pût exister une foule d'individualités, rayonnantes et joyeuses, capables de partager Sa félicité parfaite, félicité sans cesse grandissante à mesure qu'elles se rapprochent de Lui. L'éloignement imaginaire, dû au voile d'ignorance qui enveloppe l'Âme, peut seul rendre l'homme malheureux.

L'idée fondamentale sera donc, si vous le voulez bien, la suivante: la Loi du Sacrifice a pour base la Nature Divine; le Sacrifice suprême auquel est dû l'émanation de l'univers, c'est ce don de Soi-même fait par la Nature qui est félicité; par suite, l'ensemble doit avoir pour but ce partage, cette effusion de la félicité. Enfin la racine même du Sacrifice divin est la joie de répandre au dehors, afin de pouvoir unir à Soi un grand nombre d'Âmes — union qui aura pour conséquence la "Paix qui surpasse tout entendement".

Cette idée, une fois comprise, nous permettra de mettre en lumière la Loi du Sacrifice et de saisir ce que j'ai appelé son double aspect : dans l'acte de donner, c'est tout d'abord la joie ; mais, la nature inférieure étant plus avide que généreuse, c'est, au point de vue de la nature inférieure, le renoncement continuel — c'est la souffrance. Examinons ce point d'un peu plus près. Nous pourrons, je crois, éviter toute contradiction et, peut-être, sonder d'un oeil plus clairvoyant ce grand mystère — comme on l'a justement nommé — qu'est la Loi du Sacrifice. Comprenons que donner est la joie suprême, parce qu'elle est de la même essence que la nature Divine. Comprenons ensuite qu'en devenant lui-même — c'est-à-dire en devenant consciemment divin — l'homme trouvera en lui-même une joie de plus en plus grande et, pour les autres, une source de joie de plus en plus abondante. La félicité doit donc grandir quand la nature supérieure se développe. La souffrance ne peut naître que du désaccord et des agitations de la nature inférieure qui, au fond, n'est que le même Soi accablé de son ignorance et enveloppé de ses illusions. Aussi verrons-nous, en poursuivant cette étude, que la souffrance a pour but de nous délivrer de l'ignorance — que tout le processus de la croissance et de l'évolution consiste à nous délivrer de l'ignorance. Ceci se traduit pour nous par de la souffrance, des soucis et des luttes — impressions constamment éprouvées par notre nature inférieure. Et pourtant le degré de développement du véritable homme intérieur, le degré de son activité consciente, le degré de son aptitude à trouver expression dans sa nature inférieure, sera strictement déterminé d'après la manière dont il saura comprendre que l'âme de tous ses efforts est de secourir un monde plongé dans la tristesse, en manifestant la joie et la paix. Il arrivera graduellement à faire passer sa propre conviction, pour ainsi dire, dans sa nature inférieure, la purifiant de son ignorance et ouvrant ses yeux à la réalité, qui remplacera dès lors pour elle les apparences trompeuses.

Alors, peut-on demander avec raison, pourquoi l'idée de souffrance a-t-elle si souvent été rattachée à l'idée de sacrifice ? Pourquoi ces deux notions ont-elles été identifiées à tel point que le mot sacrifice donne inévitablement, à une personne qui pense ou qui lit, l'idée d'un pur supplice ? — Il semble que cette conception erronée ait sa cause dans la nature inférieure dont les premières activités tendent invariablement à saisir, à étreindre, à garder pour son "moi" isolé et séparé. Celui-ci cherche, dans le monde extérieur, des expériences à accumuler. Mais l'homme supérieur est encore bien loin d'être développé ; son caractère embryonnaire rend son influence sur l'homme inférieur presque nulle. La nature inférieure se plonge donc dans le monde des sensations, tendant de tous côtés des mains avides vers tout ce qui semble séduisant, ignorant la nature des objets, ignorant les conséquences des actes, ayant pour seuls guides les apparences extérieures et ne sachant ce que peut cacher cette surface trompeuse. Ces premières expériences, longtemps renouvelées pour la nature inférieure, consistent donc à rechercher constamment des joies apparentes, et à découvrir constamment qu'elles la satisfont moins qu'elle ne l'avait imaginé. Je vous ai expliqué un jour en détail, vous vous en souvenez peut-être, la signification et l'utilité de la souffrance qui montre graduellement à l'homme, avec la nature de la Loi, le caractère fugitif des désirs sensuels et des jouissances propres à l'homme animal. Voilà comment la souffrance amène au savoir — comment aussi le plaisir y conduit. En apprenant à connaître ces deux faces de la nature manifestée, l'Âme gagne une première connaissance de la réalité sous-jacente. En acquérant de la sorte une expérience qui peut être — et est souvent — pénible à obtenir, l'Âme transforme son expérience en savoir et change son savoir en sagesse, qui lui sert dès lors de guide. À mesure que s'accumule le savoir, possession de l'homme véritable, le Soi grandissant commence à comprendre ce qu'il est. Il transforme le savoir en sagesse, et la sagesse devient dès lors pour lui une source de joies pures et sans mélange. Cette sagesse grandissante est toujours accompagnée d'une vision plus pénétrante, d'une sérénité et d'une force croissantes. Par suite elle accepte ce qui, pour la nature inférieure, est pénible, car elle voit dans ces peines une source d'expérience. Quand l'homme véritable s'aperçoit qu'un plaisir avidement recherché amène le désappointement et la lassitude, il transforme cette expérience en sagesse. Ainsi envisagée, la douleur elle-même a donc son aspect joyeux, car l'homme considère, dans cette expérience, non pas la souffrance passagère de la nature inférieure, mais le gain réalisé, en savoir, par la nature supérieure. Il comprend que de toutes ces expériences résultera, pour lui-même, une augmentation de savoir et de puissance. Il les choisit — et le choix fait de propos délibéré est joyeux, parce qu'il voit le but final et l'or qui sortira du feu.

Considérons maintenant l'être humain aveuglé par l'ignorance dans le monde inférieur. Supposons-le soumis à ces leçons que la Nature enseigne sans cesse, leçons sévères et pénibles. Supposons qu'il recherche les jouissances animales, insouciant des souffrances qui en résultent pour son entourage, foulant aux pieds ses semblables pour saisir lui-même quelque objet convoité. Il est certain qu'en voyant cette objet brisé dans sa main, sa première impression sera une douleur aigue, un désappointement profond, un sentiment de lassitude et de dégoût. À ce point de vue l'expérience est réellement pénible, bien qu'au point de vue supérieur elle mérite d'être faite à cause de la sagesse qu'elle engendre, à cause de l'aptitude plus grande à pénétrer les choses de la nature et de la compréhension plus nette de la Loi, qu'elle a pour conséquences. Mais il y a beaucoup plus. Les natures inférieures et supérieures se trouvent en conflit. La seconde se propose un certain but, elle doit l'atteindre au moyen de la première qui ne comprend pas où vise sa compagne et ne perçoit pas l'objet qu'elle a en vue. Sans la coopération de la nature inférieure, la nature supérieure ne peut atteindre son but. D'où cette lutte avec la nature inférieure qu'il faut tantôt pousser, tantôt retenir. Tout cela — pour la nature inférieure encore enveloppée d'ignorance, — se traduit par un sentiment de gêne, un sentiment d'abandon forcé des objets désirés. Mais, à la longue naît dans cette nature inférieure — à mesure que la nature supérieure agit plus efficacement sur elle — une conviction de plus en plus nette : "Il est bon que telle action soit faite ; si la souffrance peut en résulter, le gain à réaliser vaut la souffrance" ; et le fait d'avoir vaincu la difficulté par l'effort, même douloureux, procure un accroissement de forces tel que la douleur passagère de l'effort s'oublie dans la joie de l'exploit accompli. Au cours du développement de l'Âme il se fera donc — même en ce qui concerne la nature inférieure — un double travail dans l'intellect, dans l'intelligence de l'homme ; il choisira délibérément un but difficile à atteindre, parce qu'il le trouve désirable au suprême degré. Pourtant il ne saurait l'atteindre sans sacrifier certains désirs inférieurs. Il les sacrifie donc et les brûle, pour ainsi dire, dans le feu du savoir. Mais il s'aperçoit alors qu'il a brûlé en même temps ses entraves et ses liens, qu'il a brûlé ses faiblesses, obstacles à son progrès, et que la sensation de brûlure, douloureuse tout d'abord, n'est due en réalité qu'à l'action de la flamme sur ses propres chaînes. Il accueille donc joyeusement la liberté. L'expérience est répétée, et l'homme voit de plus en plus la liberté, de moins en moins la souffrance qui en est le prix. À ce point de vue intérieur la souffrance s'est donc, ici encore, changée en joie, car ici encore agit l'alchimie spirituelle. L'homme voit que, dans cette effusion de l'Élément Supérieur dans l'élément inférieur, le premier amène le second à partager sa joie et à mieux goûter sa félicité inaltérable et toujours croissante. Et quand l'Âme approche du portail du Temple, quand le but de toutes ces leçons lui apparaît clairement, elle commence à voir qu'elles tendent, en somme, à la délivrer de ses entraves — seul siège de sa souffrance, puisqu'elles seules empêchent l'Âme de réaliser son identité avec ses sœurs, son identité avec l'Être Divin. À mesure que s'affirme cette conviction et que s'accentue l'effusion de la Nature Divine qui est l'homme véritable, on éprouvera toujours, dans la suppression des conditions limitatives, cette joie divine; on sentira que la souffrance n'est en somme due, ici encore, qu'à la séparation, que la séparation a sa cause dans l'ignorance et que, l'ignorance détruite, la souffrance sera supprimée du même coup. Il y a plus encore. Du jour où les entraves sont reconnues comme illusoires, comme apparentes et non réelles, comme n'ayant point d'existence dans le monde où vit l'homme véritable, ce dernier commence résolument à transmuer les facultés de la nature inférieure et, par cet acte d'alchimie, à les affiner comme j'ai dit en commençant.

Prenons un ou deux exemples, et voyons comment cette transmutation pourra s'opérer. Considérons d'abord une des grandes sources de souffrance dans le monde entier : la recherche du plaisir pour le "moi" personnel sans tenir compte des désirs ou des sentiments d'autrui — le désir de jouir seul, de jouir dans un cercle restreint, bien isolé du monde extérieur et consacré à cette satisfaction exclusive du "moi" inférieur. Cet instinct qui pousse à la recherche du plaisir, comment l'Âme agira-t-elle à son égard ? Présente-t-il un élément que le feu puisse transformer ? — La recherche du plaisir, que la souffrance suit toujours, peut devenir la faculté de répandre la joie et de faire partager à tous le gain d'un seul. L'Âme découvrira qu'elle peut opérer cette transmutation en cherchant graduellement à éliminer l'élément séparatif dans cet instinct qui demande le plaisir au monde extérieur ; en s'efforçant constamment de chasser ce désir d'exclusion, en renversant le petit mur d'ignorance qui l'entoure dans ces mondes inférieurs où elle se manifeste ; en brûlant cette muraille inférieure qui ne pourra plus, ainsi, la séparer des autres. Si bien, qu'après avoir imaginé et obtenu un plaisir, le "soi" s'épanche au dehors parmi tous ses frères et leur apporte le bonheur qu'il a trouvé. En ceci, rien n'est perdu, car l'Âme trouve bientôt dans l'obéissance une joie profonde. Dans un monde où la Loi est partout, vivre en harmonie avec elle doit inévitablement assurer la paix et le bonheur. La présence seule d'une dissonance montre que l'harmonie avec la loi n'existe point. Mais cette Âme qui se développe, voyant qu'elle a gagné certaines forces, certaines connaissances, certaines vérités spirituelles, s'habituera à sentir que la joie de posséder consiste réellement, non pas à gagner mais à pouvoir donner, et que, ce qu'il lui faut, ces renverser toutes ces murailles élevées jadis de ses propres mains, au temps de son ignorance, afin que sa joie puisse rayonner librement à travers le monde des hommes et des choses. L'instinct qui cherche le plaisir peut donc se transmuer en faculté de répandre la joie; et l'être, qui jadis cherchait le plaisir dans l'isolement, comprendra que la joie existe seulement dans le partage et que les seuls biens dignes d'être acquis sont ceux qu'on possède pour les donner. La joie de donner — voilà, au fond, le sacrifice essentiel, la profusion en faveur de tous ce qui perdrait autrement toute valeur, étant renfermé dans un "moi" isolé.

Prenons un autre sentiment susceptible d'être soumis à la même alchimie spirituelle: l'amour égoïste. Nous avons ici quelque chose de plus élevé que la simple recherche instinctive du plaisir, car le mot même d'amour implique tout au moins l'idée de donner; autrement, ce ne serait pas de l'amour. Mais ce sentiment peut être fort égoïste, cherchant encore plus à recevoir qu'à donner, songeant avant tout à ce qu'il peut obtenir des objets de son attachement, et non à ce qu'il peut leur donner. Par cela même qu'il recherche un gain, cet amour manifeste inévitablement les tristes caractères de l'exclusion, de la jalousie, du désir de tenir les autres à l'écart, du désir de garder l'objet aimé pour soi seul, et si je puis m'exprimer ainsi, de couvrir le soleil d'un toit pour ne lui permettre d'éclairer que sa propre maison et priver toutes les autres de ses rayons bienfaisants.

Cet amour égoïste, comment le transformer ? — Ce ne sera certes pas en le restreignant, comme certains cherchent à le faire ; ce ne sera pas en essayant de le rendre plus froid, plus dur, comme si l'amour pouvait jamais être froid et dur. Ce sera plutôt en encourageant l'amour, tout en cherchant à éliminer méthodiquement les éléments qui le dégradent. Il faudra surveiller le "moi" inférieur et, dès qu'il commence à élever un petit mur d'exclusion, renverser ce mur ; s'il veut garder tel objet précieux, admirable, chercher immédiatement à le partager avec le prochain ; s'il tend à priver les autres de l'objet affectionné, prodiguer cet objet au dehors et le faire partager à autrui. L'Âme doit arriver à comprendre que ce qui dégage la beauté et la joie doit être donné à tous, pour qu'eux aussi puissent goûter le bonheur trouvé jadis par un seul dans l'objet aimé. Ainsi disparaîtront, petit à petit, tous ces éléments grossiers. L'égoïsme s'éveille-t-il, il sera résolument mis de côté. La jalousie cherche-t-elle à s'exprimer, elle sera tout de suite arrêtée. Aussi, là où régnait ce sentiment : "Restons seuls et jouissons", on verra naître cet autre sentiment : "Allons ensemble à travers le monde pour donner et partager avec d'autres la joie que nous avons trouvée ensemble."

Ainsi, grâce à ce procédé d'alchimie, l'amour se transformera en divine compassion et se répandra dans toute l'humanité ; et celui qui aimait à recevoir les dons de l'objet aimé mettra toute sa joie à prodiguer à tous ce qu'il a trouvé. Il est possible que cet amour ait été égoïste autrefois. Peut-être unissait-il un homme et une femme. Il s'est élargi ensuite jusqu'à comprendre le cercle de la famille, puis la vie de la communauté, puis la vie de la race ; — il s'élargira finalement jusqu'à contenir tout ce qui vit, dans un univers où rien ne se trouve qui n'ait vie. Cet amour n'aura rien perdu de sa profondeur, rien de sa chaleur, rien de son intensité, rien de sa ferveur ; mais il se sera étendu à l'Univers au lieu de se concentrer sur un seul cœur ; il sera devenu cet océan de compassion où trouve place tout ce qui est doué de sensibilité. Voilà comment s'appliquerait à l'amour l'alchimie de l'Âme

Vous pouvez prendre de même, successivement toutes les qualités de la nature inférieure et les soumettre au même examen. Vous verrez que le processus consiste, en sommes, à se délivrer de la séparativité et à la consumer méthodiquement par la volonté, le savoir et le discernement. Vous verrez aussi que toute cette opération est une joie pour l'homme véritable, pour l'homme réel, malgré l'inintelligence dont peut faire preuve, dans son aveuglement, l'homme inférieur.

Quand cette conviction s'est faite, alors ce qui s'appelait souffrance perd son aspect pénible et devient une joie. Là même où règne cette sensation qu'autrement on appellerait douleur, la joie l'emporte et transforme la souffrance, parce que l'Âme voit et que la nature inférieure commence à comprendre la fin et l'objet de la destinée humaine.

En continuant ainsi cette étude, nous verrons qu'il y a encore une manière dont cette transmutation peut s'opérer. Au fur et à mesure que cette flamme de sagesse et d'amour, la Nature Divine dans l'homme, se répand de plus en plus dans la nature inférieure et, brûlant toutes les limites dont j'ai parlé, la transforme à sa propre image, il se produit aussi un dégagement d'énergie spirituelle. Le Soi qui se manifeste ainsi dans l'homme inférieur parvient à mettre en jeu des énergies et des facultés qui semblent, chose étrange, résulter du processus même que nous avons étudié. Grâce à l'alchimie qui existe dans la nature, quand cette Âme se manifeste par sa flamme d'amour et de sagesse dans le monde des hommes, il semble que, par le seul fait de la combustion des éléments inférieurs, il y ait, à un niveau plus élevé, une libération de forces subtiles.

Le résultat de cette combustion est donc de dégager la vie spirituelle, de mettre en liberté ce qui, d'abord lié et incapable de se manifester, deviendra, l'enveloppe extérieure une fois consumée, prêt à agir puissamment dans le monde. Nous arrivons à comprendre vaguement — dans cette ascension de l'Âme vers des régions plus hautes où elle perçoit de plus en plus son identité avec tous, son unité avec tous — nous arrivons, dis-je, à discerner l'existence d'une grande vérité. L'Âme peut, en vertu de son unité avec les autres Âmes, les faire participer à ce qu'elle possède et les aider en bien des manières; elle peut, par un sacrifice joyeux, faire l'abandon de biens qu'elle aurait pu garder pour elle-même, mais qu'il faut donner au monde puisqu'elle s'est identifiée avec tous. Voilà comment les fruits de ses efforts spirituels — les possibilités de repos spirituels, de félicité spirituelle, de croissance spirituelle, qui ne pourraient se partager — peuvent être abandonnés par l'Âme en vertu d'un acte joyeux rendu nécessaire par sa nature même, afin que tous les biens auxquels elle renonce puissent devenir un trésor commun répandu dans l'humanité pour en hâter l'évolution. Aussi nous parle-t-on de disciples qui renoncent au Dévachan, d'Adeptes qui renoncent au Nirvâna. Il faut entendre par là, nous le sentons obscurément, que ces hommes sont arrivés à s'identifier avec leurs frères au point que le partage avec d'autres du prix de leurs efforts devient pour eux une divine obligation; leur véritable récompense n'est pas la joie du Dévachan ni les béatitudes inimaginables du Nirvâna ; la seule joie qu'ils veuillent goûter est jeter tout ce qu'ils possèdent, tout ce dont ils auraient pu jouir, dans le fonds commun. Ils aideront ainsi l'évolution générale ; ils contribueront à faire progresser un peu la race dont ils font partie.

Nous entrevoyons maintenant une autre vérité, car nous commençons à comprendre la manière dont ce secours peu quelquefois être donné. Quand un homme est écrasé par une souffrance dont lui-même est l'auteur véritable, quand le formidable balancier d'une loi inéluctable fait tomber sur une Âme humaine une douleur, une souffrance dont elle-même a jadis semé la cause, il est possible — pour un homme aux yeux duquel la séparation n'existe pas et qui connaît son identité avec l'Âme souffrante sur le plan de la réalité — non pas de prendre sur lui-même le résultat inévitable, épargnant au semeur l'effort précieux de la récolte, mais de se tenir en quelque sorte à ses côtés pendant que dure son labeur, et de lui insuffler une force nouvelle, une vie nouvelle, une compréhension nouvelle. C'est ainsi qu'on peut aider l'Âme souffrante dans l'accomplissement de sa lourde tâche, en influant non pas sur la nature de cette tâche mais sur l'attitude de l'être appelé à la remplir ; en transformant, non pas le fardeau, mais les forces dont l'Âme dispose pour le soulever. Une des plus grandes joies, une des plus hautes récompenses pouvant échoir à l'Âme qui se développe et ne demande rien pour elle-même, sauf le pouvoir de servir, lui est accordée quand elle rencontre une Âme plus faible, écrasée par suite de sa faiblesse, et qu'elle parvient à inspirer à cette Âme un peu de courage divin, du soulagement et de la compréhension qui donne, avec l'espoir, la force de supporter. Le secours apporté donne à l'Âme sœur la force d'accomplir sa tâche. Il ne la délivre pas d'un fardeau qu'elle s'est créé et que, dans son propre intérêt, elle doit porter; mais il lui communique un peu de cette force qui résulte de la compréhension des choses. Grâce à cette force, la souffrance d'un châtiment subi devient, ici encore, la résignation tranquille à des peines qui portent en elles-mêmes leur enseignement. Une Âme ainsi secourue devient joyeuse, même sous le fardeau de son Karma. Le don qui lui est fait la rend plus forte : c'est le rayonnement de la Vie Divine venant du plan où toutes les Âmes ne sont qu'une. Sur ce plan abonde toujours l'énergie spirituelle, énergie qui devient une aide puissante grâce aux dons constants de ceux qui ont découvert la joie divine de se prodiguer. Pour eux point d'autre récompense que de voir leurs frères s'élever vers la lumière qu'ils ont eux-mêmes atteinte.

Mais, s'il en est ainsi, comment expliquer une pensée troublante qui nous est, à tous, familière ? L'aspirant l'a sans doute souvent entendue exprimer ; il se sent en sa présence dès le début de ces épreuves préparatoires ; peut-être même croit-il qu'elle règne seule dans l'Enceinte Extérieure, dès le portail franchi. Pourquoi ce chemin a-t-il été nommé "la Voix Douloureuse" si, à chaque pas nouveau, une divine joie y rayonne de plus en plus ? — Le choix de cette expression s'explique pourtant sans peine. Il faut seulement, pour cela, comprendre *pour qui* le chemin doit paraître tout d'abord douloureux. Il faut comprendre que l'ascension directe de la montagne, la volonté arrêtée de s'élever aussi vite, la ferme résolution de prendre les devants sur l'évolution humaine normale — amèneront inévitablement la concentration, dans quelques brèves vies, de résultat qui eussent été, sans cela, répartis sur une longue série d'incarnations. Le Karma du passé viendra fondre subitement sur l'Âme, puisqu'il faut maintenant lui faire face et le payer en un temps aussi bref ; et les difficultés surgiront avec une intensité d'autant plus formidable. Ce premier assaut peut être d'une violence déconcertante, d'une stupéfiante énergie, et faire éprouver à l'Âme la souffrance à un degré qu'elle ne connaissait point jusque-là. Mais ce n'est pas l'Âme qui subit réellement la douleur, même en cet instant, — c'est la nature inférieure encore aveugle et toujours poussée en avant par l'aiguillon de la nature supérieure. Même en cette heure d'épreuve cruelle, quand toutes les causes accumulées pendant tant de vies passées viennent fondre sur un être aussi hardi pour provoquer ainsi sa destinée — même en ce moment, l'Âme est dans la paix, joyeuse d'accomplir promptement ce qui, autrement, eût duré pendant bien des existences, joyeuse de pouvoir enfin prendre pour objectif la seule vie qui lui paraisse digne d'être vécue.

Voilà pourquoi ce chemin, vu d'en bas, a été nommé la Voix Douloureuse. C'est aussi parce que les hommes, en s'y engageant, renoncent à tant de choses qui constituent, aux yeux du monde, le plaisir : plaisirs sensuels, plaisirs mondains, jouissances de tous genres qui paraissent à tant de personnes — et sont en effet pour elles — les fleurs même bordant le chemin de l'existence. Mais l'Âme décidée à monter a perdu le goût de ces choses; l'Âme ne les désire plus; l'Âme cherche ce qui ne se fane point — des joies permanentes. Le chemin peut sembler, vu du dehors, la Voie du Renoncement; mais ce renoncement, envisagé au point de vue inverse, implique un surcroît de joie, de paix et de bonheur. Car il ne s'agit pas d'appeler la douleur pour le plaisir de souffrir, mais bien de rejeter un bonheur éphémère pour une félicité éternelle, d'échanger des objets dont peuvent nous priver les circonstances extérieures pour les biens intimes, apanage de l'Âme, trésors que nul voleur ne touchera jamais, joies que nulle vicissitude terrestre ne saurait atténuer, troubler ou obscurcir.

À mesure que l'Âme s'avance dans la Voie, sa joie devient de plus en plus profonde car, dès le début, le chagrin a montré qu'il avait sa racine dans l'ignorance. Assurément l'amertume et la douleur précéderont souvent encore la connaissance ; mais leur cause est dans l'ignorance, dans l'aveuglement. C'est ainsi que la tristesse règne au cœur de ceux qui, peut-être déterminés par cette tristesse même, se consacrent à la recherche du Sentier ; — la tristesse les étreint, souveraine, lorsque, jetant leurs regards sur l'humanité, ils voient partout régner la détresse et la misère ; lorsqu'ils voient hommes, femmes, enfants, revenir ici-bas pour y souffrir, tous les cent ou tous les mille ans ; lorsqu'ils voient les hommes souffrir sans savoir pourquoi, sous l'aiguillon de l'ignorance, seule cause réelle de leur douleur. En jetant les yeux sur un monde enseveli dans les ténèbres, sur une humanité qui se débat sous l'étreinte de l'ignorance, les hommes destinés à devenir des Sauveurs sentent toute la misère de ce monde, et un désir leur vient de chercher, afin de le secourir, le chemin de la Libération. N'avez-vous jamais été frappés, en étudiant dans le passé l'histoire de ces Grands Êtres — les quelques lueurs jetées par l'histoire ou par la tradition sur Leur vie dans le monde des hommes — n'avez-vous jamais été frappés par ce fait que l'angoisse qu'ils eurent à traverser précéda, pour eux, la découverte de la lumière ? Que cette angoisse fut l'angoisse de l'impuissance, l'écho des chagrins éprouvés sans en connaître encore le remède ? Si vous considérez la douleur de l'Homme Divin que tant de millions d'hommes de notre race regardent aujourd'hui comme le plus élevé et le plus grand, comme la fleur même de notre humanité, la douleur de ce Bouddha qui a maintenant pour fervents un tiers du genre humain — vous souvenez-vous comment Il chercha la cause de la souffrance ; comment Il gémit sur l'ignorance et la misère du monde et ne vit pas — peut-être est-ce une parabole — et ne vit pas de remède ; comment Il renonça à Sa femme et à Son enfant, à Son palais, à Son foyer, à Son royaume ; comment Il s'en alla, ne portant que le bol du mendiant, seul dans la jungle, loin des habitations humaines ; comment la douleur pesait sur Son cœur parce que ses yeux étaient encore voilés ? — Il ne savait, nous est-il dit, comment sauver le monde, et cependant Il ne pouvait trouver la paix tant que le monde souffrirait. Il traversa bien des dangers, bien des souffrances, bien des macérations : il subit aussi l'obscurité et la détresse d'un esprit qui cherche en vain la lumière. Un jour, enfin, assis sous l'Arbre sacré, Il reçut l'illumination et comprit la cause de la souffrance. Alors la souffrance s'évanouit et la joie prit sa place. Ce jour-là, dans les paroles tombées de Ses lèvres et que les siècles nous ont conservées, éclatèrent le triomphe, la joie, le bonheur à jamais inaltérable. Peut-être vous rappelez-vous les termes dans lesquels un poète anglais a traduit Ses paroles, montrant dans l'ignorance la cause de la souffrance, et dans la sagesse l'illumination et l'avènement du bonheur :

> Moi, Bouddha, qui mêlât mes larmes à toutes celles de mes frères,
> Dont les souffrances du monde entier ont brisé le cœur,
> Je ris et me réjouis, car la liberté existe.

La liberté ! Mais c'est la joie. L'ignorance et l'aveuglement faisaient couler les larmes. La souffrance du monde brisait le cœur comme elle brise aujourd'hui encore les cœurs ignorants. Mais il y a une liberté. Elle nous apporte ce message : "La cause de la souffrance est en nous et non pas dans l'univers — dans notre ignorance et non pas dans la vie." Voilà comment, quand brille la lumière, la liberté l'accompagne et, nous est-il dit, la joie et le rire de l'homme deviennent divins. Car la lumière divine a inondé Son Âme ; il est illuminé ; Il est sage — et pour le sage le chagrin n'existe point, car dans l'Âme divinement illuminée, la douleur est morte à tout jamais.

Sur le seuil

V

SUR LE SEUIL

Nous voici parvenus au Seuil des Portes d'Or, des Portes que tout homme peut ouvrir, des Portes qui, ouvertes, laissent pénétrer l'homme dans ce Temple grandiose d'où jamais ne ressortent ceux qui y sont entrés. Ce soir, si nous le pouvons, nous nous efforcerons de comprendre la condition de l'aspirant qui marche sur le Seuil qu'il sait devoir franchir bientôt pour s'unir aux rangs des serviteurs du monde qui travaillent à guider l'évolution de la race, à hâter le progrès de notre humanité.

Attardons-nous un moment à considérer les hommes qui peuplent cette Enceinte Extérieure dans laquelle nous avons séjourné pendant les quatre conférences précédentes. Nous verrons ressortir une caractéristique essentielle, commune à tous ceux qui sont là. Ils diffèrent grandement en qualités mentales et morales, ils diffèrent grandement en progrès accompli ; ils diffèrent en réalisation des conditions requises, en aptitude à monter plus haut ; mais une chose apparaît que tous ont en commun, la sincérité [21]. Ils ont tous devant eux un but déterminé. Nettement et clairement ils comprennent ce à quoi ils aspirent ; lorsqu'ils considèrent le monde, à la base de leur vie ils sentent une résolution sincère. Voilà, me semble-t-il, la caractéristique la plus saillante, commune à tous, ainsi que je l'ai dit. Ceux d'entre vous qui sont familiarisés avec la littérature sacrée des contrées lointaines se souviendront de l'importance qu'elle attache à cette qualité de sincérité, à ce fait d'avoir devant soi un but bien défini qu'on travaille à réaliser d'une manière déterminée. Si vous examinez quelques-uns des livres anciens qui appartiennent aux religions de l'Inde, vous y trouverez la négligence marquée comme un défaut des plus dangereux, la sincérité comme une des vertus les plus essentielles. Quelle que soit la religion envisagée, vous trouverez sur ce point une unanimité parfaite.

---

21   "*Earnestness.*" Nous ne trouvons pas d'équivalent exact pour ce mot au sens où il est pris ici. Il faudrait extraire l'essence de : ardeur, attention, zèle, bonne foi, sérieux, empressement, etc. On aura l'idée juste en considérant le mot "sincérité" comme une abréviation de la périphrase : "qualité de l'homme qui *s'y est mis pour tout de bon*". Cet homme-là a cessé d'être ce que l'on appelle vulgairement "amateur". (N.D.T.)

L'homme, parvenu au degré que nous considérons ici, a franchi les bornes qui séparent une religion d'une autre religion; il a compris qu'au fond de toutes les croyances vivent les mêmes grands enseignements, et que tous hommes religieux tendent vers le même but sublime. En sorte qu'il n'est pas surprenant de voir les Écritures de cultes différents — issues toutes de la même Confrérie des Maîtres — attribuer à l'aspirant les mêmes caractéristiques, et donner unanimement la sincérité comme une des qualités les plus indispensables à quiconque veut être disciple. Au deuxième chapitre du *Dhammapada* vous trouverez cette qualité indiquée aussi clairement et d'une manière peut-être un peu plus détaillée, qu'en tout autre passage. Je cite :

> Si l'homme sincère s'est éveillé à l'action, s'il n'est point oublieux, si ses œuvres sont pures, s'il agit avec discernement, s'il est maître de lui, s'il vit selon la loi, la gloire de cet homme croîtra.
>
> Par l'activité, par la sincérité, par l'austérité et la pureté, l'homme sage peut se bâtir une île qu'aucun déluge ne submergera.
>
> Les fous courent après la vanité, hommes d'un savoir mauvais. Le sage conserve la sincérité comme son plus précieux joyau.

Ne poursuis pas les choses vaines, les joies de la convoitise et du faux amour ! L'homme sincère et méditatif obtient une ample moisson de joie.

Lorsque, par la sincérité, l'homme instruit a chassé la vanité, alors sage, il monte aux hautes terrasses de la sagesse et regarde les fous qui sont en bas. Serein, il considère la foule qui se démène, tel un homme debout sur une montagne et regardant ceux qui sont dans la plaine.

Attentif parmi les étourdis, éveillé parmi les dormeurs, le sage avance comme un cheval de course, laissant derrière lui la haridelle.

C'est par la sincérité que Maghavan est devenu le souverain des dieux. Les hommes louent la sincérité ; la négligence est toujours blâmée.

Le Bhikshou [22] qui fait de la sincérité ses délices et regarde avec crainte la négligence se meut partout comme le feu, brûlant ses liens petits et grands.

Si vous jetez un coup d'oeil rétrospectif sur tout le travail que nous avons écrit, vous verrez comment

---

22   Mendiant. — Nom donné aux moines bouddhistes.

cette qualité, la sincérité, est à la base de chacune des phases de l'œuvre. Purification, contrôle de la pensée, construction du caractère, transmutation des tendances inférieures en qualités supérieures — la tâche tout entière présuppose une nature sincère qui a reconnu son but et cherche résolument à l'atteindre.

Telle est donc la caractéristique essentielle commune à tous ceux qui sont dans l'Enceinte Extérieure ; et il peut être bon de noter en passant que cette caractéristique se montre d'une manière très saillante à ceux dont les yeux sont ouverts. Vous n'ignorez sans doute pas que le caractère d'une personne peut être déterminé dans une large mesure d'après l'aspect de ce qu'on nomme son "aura". D'autre part, certains d'entre vous se souviendront qu'en parlant de l'évolution humaine j'ai dit que l'Âme, aux premiers jours de sa croissance, était une chose fort peu définie, comparable à une volonté nébuleuse sans contours précis, sans limite nettement marquée. Or, à mesure que l'Âme progresse, cette nébuleuse prend une forme de plus en plus nette, et l'aura de la personne devient précise en ses contours. Au lieu de finir dans le vague, de s'effacer graduellement dans l'espace ambiant, elle se détache de plus en plus nettement avec ses contours nettement marqués à mesure que se poursuit la formation de l'individualité. Si donc vous pouviez regarder de la sorte les hommes qui sont dans l'Enceinte Extérieure, vous seriez frappés par la délimitation claire et précise de leur aura, symbole extérieur de la netteté intérieure acquise par l'Âme individuelle. Je dis cela afin de vous faire comprendre que chaque progrès de l'Âme se marque par des signes visibles qui ne laissent subsister aucune possibilité d'erreur. La place que l'Âme occupe ne lui est point donnée par une faveur arbitraire : elle ne lui vient pas du hasard et ne peut dépendre d'aucun accident. Son degré d'évolution consiste en un *état* bien déterminé, comportant des qualités nettement formées, des pouvoirs nettement acquis. Et ces pouvoirs sont reconnaissables à des signes précis, visibles pour tout observateur ayant développé en lui-même des pouvoirs de perception supérieurs à ceux de la manière purement physique. Ainsi la sincérité a pour résultat de développer l'individualité, donnant à l'aura un contour nettement marqué. On peut dire que cette atmosphère nettement délimitée qui entoure l'homme est l'indice Extérieure d'une condition interne commune à tous ceux qui sont dans l'Enceinte Extérieure ; et bien que cette caractéristique soit plus marquée chez les uns que chez les autres, elle se trouve néanmoins présente chez tous ceux qui sont là.

L'admirable petit traité qui a pour titre *La Lumière sur le Sentier* dit fort justement que les aspirants dans l'Enceinte Extérieure n'ont point d'autres initiations que celles de la vie. Ce ne sont pas les Initiations nettes et précises qui viendront plus tard, les degrés distincts qui sont à l'intérieur du Temple et dont le premier marque l'entrée des Portes d'Or. Mais ce sont des initiations continuelles qui viennent instruire le candidat tandis qu'il suit le chemin de sa vie journalière. On peut donc dire ici que la vie est, en un sens très réel, le grand Initiateur. Toutes les vicissitudes qui viennent assaillir le candidat servent à éprouver sa force et à développer ses facultés.

En vous rapportant à ce même petit traité, *La Lumière sur le Sentier*, vous y trouverez indiquées certaines conditions que les "Commentaires" [23] disent être inscrites dans l'antichambre, dans la salle qui précède l'entrée de la Loge elle-même. Et elles sont formulées en un langage mystique, assez intelligible cependant, bien que, ainsi qu'il arrive toujours lorsqu'il s'agit d'un langage mystique, des difficultés puissent s'élever d'une interprétation trop littérale, d'avoir voulu s'attacher aux sens des mots eux-mêmes au lieu de chercher à comprendre les vérités intérieures que les mots veulent exprimer. Et ces quatre grandes vérités inscrites dans l'antichambre sont formulées comme suit:

---

23   Publiés ultérieurement dans la revue *Lucifer*.

Avant que les yeux puissent voir, ils doivent être inaccessibles aux larmes.

Avant que l'oreille puisse entendre, elle doit avoir perdu sa sensitivité.

Avant que la voix puisse parler en présence des Maîtres, elle doit avoir perdu le pouvoir de blesser.

Avant que l'âme puisse se tenir debout en présence des Maîtres, ses pieds doivent être lavés dans le sang du cœur

Or, le même auteur, par l'entremise duquel fut donnée *La Lumière sur le Sentier*, écrivit quelque temps après des commentaires explicatifs. Ces "commentaires" méritent une étude approfondie, car ils expliquent une grande partie des difficultés inhérentes au traité lui-même, et peuvent aider l'étudiant à éviter cette interprétation trop littérale dont j'ai signalé le danger. Ils nous disent que cette première phase — "Avant que les yeux puissent voir, ils doivent être inaccessibles aux larmes" — signifie que l'Âme doit quitter la vie de la sensation pour entrer dans la vie de la connaissance; qu'elle ne doit pas rester en ce lieu où elle est continuellement secouée par les vibrations violentes qui lui viennent des sens; qu'elle doit passer de cette région instable dans celle de la connaissance, où règnent la fixité, le calme et la paix. Les yeux sont les fenêtres de l'Âme, fenêtres qui viennent troubler la "buée" de l'existence, ainsi qu'on l'appelle. En d'autres termes, de ces sensations intenses, plaisirs ou douleurs, se dégage comme une buée qui voile et obscurcit les fenêtres de l'Âme, en sorte qu'au travers d'elles, l'Âme ne peut plus regarder clairement. Cette buée vient du monde extérieur, non de l'intérieur, elle procède de la personnalité et non de l'Âme, elle est le résultat d'une sensation intense, et non d'une compréhension de la vie. Elle est, pour cette raison, symbolisée par les larmes, considérées comme le signe d'une émotion violente, joyeuse ou douloureuse. Jusqu'au jour où les yeux sont inaccessibles à de telles larmes, jusqu'au jour où les fenêtres de l'Âme cessent d'être obscurcies par la buée de l'extérieur, jusqu'au jour où elles laissent transparaître clairement la lumière de la connaissance, les yeux de l'Âme ne peuvent voir réellement. Et ce n'est pas, ainsi qu'on nous l'explique, que le disciple doive perdre sa sensibilité : c'est simplement que nulle force extérieure ne doit être capable de rompre son équilibre. Ce n'est pas qu'il doive cesser de souffrir et de jouir — car ses souffrances et ses joies seront plus profondes que celles de l'homme ordinaire : — c'est simplement que ni la souffrance ni la joie ne pourront faire vaciller sa résolution, ne pourront lui faire perdre cet état d'équilibre qui résulte de la fixité du savoir acquis. Et ce savoir, c'est la compréhension des choses permanentes, compréhension qui rend l'irréel et le transitoire incapables de voiler effectivement la vision de l'Âme.

De même pour la seconde vérité — "Avant que l'oreille puisse entendre, elle doit avoir perdu sa sensitivité". — Elle doit avoir atteint le lieu du silence. Et la raison de ceci, nous est-il dit plus loin, c'est que la voix des Maîtres, qui toujours raisonne dans le monde, ne peut être entendue tant que l'oreille humaine est pleine du tumulte de la vie extérieure. Ce n'est pas que le maître se taise, car il nous parle sans cesse, sans cesse Sa voix en nous retentit. Mais les sons qui entourent l'Âme du disciple sont tellement bruyants que cette harmonie plus douce et plus profonde ne peut être perçue à travers les sons grossiers qui viennent des sens et des émotions inférieures. C'est pourquoi il est nécessaire que le disciple, avant même de quitter l'Enceinte Extérieure, atteigne un séjour de silence afin qu'il puisse entendre un instant le son de la Réalité. Et ce séjour du silence, une fois atteint, donnera presque, pour un temps, l'impression d'un manque de sensibilité, à cause du calme qui y règne, à cause de la tranquillité ininterrompue que l'Âme y perçoit pour la première fois.

Ici, l'auteur parle, et parle avec une grande force, des difficultés de la lutte qui surviennent lorsque, pour la première fois, le silence est perçu. Accoutumés que nous sommes à tous les bruits qui nous entourent, lorsque pour un moment le silence vient s'abattre sur l'Âme, il apporte avec lui un sentiment de néant. C'est comme si on entrait dans un abîme où tout se dérobe, dans des ténèbres qui enveloppent l'Âme comme dans un drap mortuaire, — sentiment de solitude absolue, de vide complet, comme si tout s'était effondré, comme si toute vie s'était anéantie avec la cessation du bruit des choses vivantes. Alors, nous est-il dit, bien que le Maître lui-même soit là, tenant la main de son disciple, le disciple n'étreint que le vide ; il semble qu'il ait perdu de vu son Maître et tous ceux qui l'on précédé sur la Voie, et qu'il se sente isolé au sein de l'insaisissable espace, sans rien au-dessus, ni au-dessous, ni d'aucun côté. Et dans cet instant de silence la vie semble être en suspend ; dans cet instant de silence il semble que tout, que l'existence même de l'Âme ait cessé.

Et c'est à travers ce silence que, de l'autre rive des choses, la Voix se fait entendre, La Voix qui, entendue dans le silence, sera perçue à jamais parmi tous les bruits du monde. Cette Voix une fois entendue, l'oreille restera toujours sensible à sa mélodie. Aucun des sons que la terre peu rendre ne sera jamais capable de noyer cette harmonie qui s'est fait entendre à l'Âme dans le silence.

Ces deux Vérités, nous est-il dit, doivent être senties, doivent être éprouvées avant qu'il soit possible d'atteindre aux vraies Portes d'Or. Ces deux vérités doivent être vécues par l'aspirant avant qu'il puisse gravir les marches et attendre, debout sur le seuil, qu'on lui permette d'entrer au Temple même.

D'après la description qui en est donnée, les deux autres Vérités semblent appartenir plutôt à l'intérieur du Temple qu'à l'extérieur. Et cela, bien qu'elles se trouvent inscrites dans "l'antichambre", — car on trouve inscrites dans cette antichambre bien des préceptes qui ne seront entièrement accomplis que sur l'autre rive, préceptes destinés à guider l'aspirant afin qu'il sache dans quel sens il doit diriger ses efforts, afin qu'il puisse se préparer au travail intérieur du Temple même. Car il me semble, d'après la description faite, que ces deux autres grandes Vérités — ayant trait au pouvoir de parler en présence des Maîtres et de se tenir devant Eux face à face — ne trouvent leur plein accomplissement qu'une fois franchies les Portes d'Or, bien que le néophyte puisse tenter de les faire fleurir dans son Âme dès l'Enceinte Extérieure.

Quelles sont donc ces deux autres Vérités dont les signes précurseurs se montrent dans le néophyte parvenu au seuil du Temple ?

La première — pouvoir de parler en présence des Maîtres — c'est, nous dit-on, l'appel jeté par l'Âme vers la Puissance qui est à la tête du Rayon [24] auquel appartient l'aspirant. L'appel monte vers les sommets, puis, renvoyé comme un écho, il rebondit vers le disciple et, passant outre, se propage dans le monde des hommes. Le néophyte demande à *savoir* — c'est là son appel — et la réponse à l'appel, venue d'en haut, lui donne le pouvoir de transmettre la connaissance qu'il reçoit. Il ne pourra parler en Leur présence que s'il transmet aux autres le savoir obtenu, que s'il devient lui-même un chaînon de la grande chaîne qui unit le plus Haut au plus bas, que s'il fait passer à ceux qui sont au-dessous de lui la connaissance des vérités que sa situation lui permet de comprendre. C'est pourquoi il est dit que celui qui demande à être néophyte doit à l'instant devenir serviteur, car il ne pourra recevoir que s'il consent à donner.

Ce pouvoir de la parole — non pas de la parole purement externe qui n'appartient qu'aux plans inférieurs, mais de la parole vraie qui parle d'Âme à Âme

---

24 Ou de la Hiérarchie (N.D.T.).

et montre la voie à ceux qui la cherchent non par de simples mots, mais en leur faisant sentir la vérité que les mots expriment si imparfaitement — ce pouvoir de parler d'Âme à Âme n'est donné au néophyte que s'il désire en user pour le service, s'il désire devenir une de ces langues de feu vivant qui se meuvent à travers le monde des hommes et leur enseignent le secret qu'ils cherchent.

La dernière vérité, enfin, nous enseigne que ceux-là seuls peuvent se tenir en présence des maîtres, dont les pieds sont lavés dans le sang du cœur. Les larmes, nous a-t-on dit, symbolise cette buée de la vie qui procède des sensations intenses; le sang du cœur, à son tour, représente la vie elle-même. Lorsque les pieds du disciple sont lavés dans le sang du cœur, cela signifie qu'il ne considère plus sa vie comme un bien personnel, mais ne demande qu'à la répandre afin que le monde entier y puisse communier. Et parce que la vie est le bien le plus précieux que l'homme possède, c'est *elle* qu'il doit donner avant de pouvoir se tenir en présence de Ceux qui ont tout donné. Il ne désire plus la vie pour lui-même, il ne recherche plus la naissance pour les biens ou les expériences qu'elle peut lui rapporter. Il a lavé ses pieds dans le sang du cœur, il a renoncé au désir de vivre pour lui-même, et il reçoit sa vie comme un dépôt qui lui est confié pour le bien de la race, pour le service de l'humanité. Il lui faudra donc donner tout ce qui lui appartient avant de pouvoir se tenir debout en présence de Ceux qui ont accompli ce total sacrifice.

Vous comprenez maintenant pourquoi j'ai dit que ces deux dernières vérités trouvaient leur application plutôt à l'intérieur du Temple qu'à l'extérieur ; car ce sacrifice absolu de toute la vie, cette libération de tout désir, ce renoncement à toute possession séparée, à tout ce qui ne peut être transformé en don — ce sacrifice est réservé, dans sa perfection finale, aux plus élevés d'entre ceux qui sont au seuil de l'Adeptat suprême ; c'est là un des derniers triomphes de l'Arhat [25] qui n'a plus qu'un degré à franchir pour atteindre la totale connaissance, le point où il n'y a plus rien à apprendre ni à gagner dans notre système cosmique. Cependant, la connaissance de cette Vérité, qui deviendra plus tard une réalité vivante, ne peut qu'aider à diriger la vie du néophyte, c'est pourquoi nous la trouvons inscrite dans l'antichambre, bien que nul, en cette période préparatoire, ne puisse espérer l'atteindre complètement.

En considérant ces degrés qui conduisent au seuil du Temple, nous commençons à comprendre un peu ce que doivent être ceux qui se tiennent au seuil même, prêts à franchir les Portes d'Or. Il leur reste encore

---

25   Voir *Sagesse Antique*. chap. XI, *L'Ascension humaine*.

bien des imperfections, bien des choses à accomplir dans les vies qui vont suivre : il leur reste encore quatre grands degrés à franchir avant d'atteindre la condition sublime du Maître. Mais nous voyons qu'ils sont tous des hommes à la résolution ferme, au caractère bien défini, à la vie purifiée, aux passions éteintes ou en voie de s'éteindre, maîtres d'eux-mêmes, ardemment désireux de servir — des hommes dont la noble existence est remplie d'aspirations pures et sublimes.

Et maintenant, parvenus sur le seuil, osons jeter un moment nos regards à l'intérieur, afin de comprendre plus clairement encore ce qui attend l'homme au-delà des Portes d'Or, afin de comprendre pourquoi de telles conditions sont imposées, pourquoi l'aspirant, dans l'Enceinte Extérieure, doit mettre en pratique les leçons que nous avons étudiées. Pour un moment laissons nos yeux se reposer, bien qu'ils ne puissent le faire qu'imparfaitement, sur les quatre Sentiers, ou les quatre degrés du Sentier unique, qui s'échelonnent à l'intérieur du Temple. Chaque degré est précédé d'un Portail, et les quatre portails sont les quatre grandes initiations. La première, celle que vous trouverez souvent décrite comme l'Initiation de l'homme "qui entre dans le courant" — expression employée dans la *Voix du Silence* et dans maint ouvrage exotérique — marque le passage du seuil, passage net et précis, entrée définitive du Temple d'où le disciple initié ne ressortira jamais plus pour retomber dans la vie du monde. Il n'en ressortira jamais, car il reste toujours au sein du Temple alors même qu'il travaille parmi les hommes.

Cette entrée dans le courant est donc un degré bien défini, et vous trouverez dans les ouvrages exotériques que le disciple, parvenu à ce point, a encore devant lui sept incarnations terrestres. Dans une note de la *Voix du Silence* il est dit qu'un Chélâ [26] entré dans le courant atteint rarement le but dans la même existence, et qu'il lui faudra généralement sept incarnations pour franchir le degré suprême. Mais il est bon de nous rappeler, dans nos lectures, que ces phrases ne doivent pas toujours être prises au pied de la lettre : car les vies sont des effets, et ne sont pas toujours mesurées par des naissances et des morts terrestres. Peut-être sont-elles plus souvent des stades du progrès de l'homme que des incarnations physiques ; — cependant elles peuvent parfois être comprises entre le berceau et la tombe. Et ces dernières vies du disciple se suivent sans interruption. Il passe de l'une à l'autre, progressant toujours, sans aucune solution de continuité dans son état conscient. Pendant cette succession rapide d'existences, toutes les faiblesses qui subsistent encore en la nature humaine

---

26   Disciple.

doivent être éliminées une à une, éliminées d'une manière complète et définitive. Ce ne sont plus les travaux incomplets de l'Enceinte Extérieure, ce ne sont plus les efforts partiels, les tentatives inachevées. Ici chaque travail entrepris doit être entièrement terminé, et l'on nous enseigne qu'à chaque degré certaines "entraves" bien déterminées doivent être brisées, certaines faiblesses de la nature humaine doivent être entièrement éliminées, à mesure que le disciple poursuit sa marche vers la perfection, vers la totale manifestation du Divin dans l'homme.

Au sujet de la deuxième Initiation il est dit que l'homme qui la franchit ne renaîtra qu'une fois. Une seule fois il se verra forcé de revenir avant que s'achève pour lui le cycle des naissances et des morts obligatoire. Il pourra revenir maintes fois en incarnation volontaire, mais ce sera de sa propre volonté fixée dans la voie du service, et non plus parce qu'il est lié à la roue des naissances et des morts.

Ce degré franchi, la troisième grande Initiation atteinte, le disciple devient "celui qui ne renaîtra plus", car dans cette incarnation même il franchira le quatrième degré qui le conduira jusqu'au seuil du Nirvâna ; et dès lors nulle loi ne peut plus lier l'Âme aux mondes inférieurs, car tous ses liens sont rompus et elle est libre à tout jamais. Le quatrième degré est celui de l'Arhat, où les dernières "entraves" sont complètement brisées [27].

Pouvons-nous tenter de décrire ces derniers stades de l'ascension humaine, ces quatre degrés de l'Initiation ? Nous sera-t-il possible de concevoir, quelque imparfaitement que ce soit, le travail qui permet à l'homme de franchir ces quatre Portails, l'effort qui, de l'autre côté du seuil, transforme entièrement son existence ? — Nous avons vu que le candidat est loin d'être parfait. Les ouvrages où transparaît une lueur émanée de l'intérieur du Temple nous disent qu'il reste encore dix entraves de faiblesse humaine qui doivent, une à une, être rejetées. Je ne vous les expliquerai point en détail, car cela nous mènerait trop loin. C'est l'Enceinte Extérieure seule que j'ai voulu décrire ici, et non les mystères intérieurs du Temple. Sans entrer dans les détails, guidons-nous donc simplement d'après ces indications, et cherchons à comprendre pourquoi les Gardiens du Temple sont si exigeants, pourquoi ils attendent de nous un si grand effort avant de consentir à nous ouvrir les Portes sacrées.

Il est facile, me semble-t-il, de voir que les conditions décrites par les conférences précédentes doivent

---

27   Pour l'étude des divers stades de l'Initiation, voy. le *Sentier du Disciple*, par Annie Besant. Voy. aussi *Sagesse Antique*, ch. XI, "*L'Ascension humaine*". (N.D.T.)

être partiellement remplies avant que l'aspirant puisse franchir le seuil. Chaque degré franchi de l'autre côté mettra entre ses mains des puissances de plus en plus grandes. De l'autre côté, à l'intérieur du Temple, ses yeux seront ouverts; il pourra agir, vivre, en une manière impossible à réaliser en deçà du seuil. Le fait de voir, et d'entendre, et d'agir, fera de lui un homme très différent de ceux qui l'entourent, un homme doué de pouvoirs qu'ils ne partagent point, d'une vision qu'ils ignorent, de connaissances qui leur échappent. Il devra se mouvoir parmi eux sans être réellement l'un d'entre eux, car tout en participant à leur vie commune, il sera par sa nature un être bien différent. Mais s'il en est ainsi, n'est-il pas juste d'exiger que le disciple se distingue par son caractère du commun des hommes avant que ces pouvoirs lui soient confiés ? Car une fois obtenus, il les possède et peut les employer comme bon lui semble.

Supposez donc qu'il soit affligé des faiblesses si communes dans le monde extérieur, qu'il soit facilement irrité par les fautes de ceux qui l'entourent, qu'il soit facilement démonté par les évènements communs de la vie journalière; supposez que son humeur ne soit pas bien maîtrisée, qu'il n'ait pas en son cœur une compassion toujours croissante, une sympathie profonde et large; supposez qu'une injure puisse provoquer chez

lui la colère et non la compassion, l'irritation et non le
pardon, qu'il ait, en un mot, peu de tolérance et peu de
patience — quel sera le résultat de l'admission d'un tel
homme au-delà du seuil, de la mise à sa disposition,
même dans une faible mesure, de pouvoirs qui sont
surhumains si l'on prend pour type l'homme ordinaire ? Ne devra-t-on pas craindre, être certain même,
de voir ces petites fautes, si communes chez ceux qui
vivent de la vie du monde, amener comme résultat des
catastrophes ? Chez un disciple irrité, ces puissances
nouvelles écloses en son Âme, la force de sa volonté,
l'intensité de sa pensée, ne sont-elles pas une source de
danger pour ses semblables si elles ne sont maîtrisées
et contenues ? Supposez qu'il manque de tolérance,
qu'il n'ait pas appris à compatir, à connaître les faiblesses par lui conquises, et à comprendre toute la facilité
d'une chute : qu'elle sera parmi les hommes la position
de cet Initié capable de voir les pensées, de discerner
les faiblesses, de lire comme à livre ouvert, dans cette
"aura" dont nous parlions tout à l'heure, ces traits intimes du caractère que les hommes se cachent entre eux
sous le masque des apparences extérieures. — quelle
sera dis-je, la position de celui qui voit ses semblables
tels qu'ils sont réellement, et non plus tels qu'ils peuvent paraître ? Assurément il ne peut être juste ni bon
qu'une telle puissance — et c'est une des moindres que

donne l'Initiation — soit placée entre les mains d'un homme qui n'a pas appris, par ses propres épreuves, à compatir avec les plus faibles; d'un homme que le souvenir de ses propres fautes n'incline pas, secourable et compatissant, aux côtés du plus imparfait de ceux qu'il rencontre sur son chemin.

Il est donc juste et bon que l'aspirant soit obligé de satisfaire à ces exigences inflexibles avant qu'on lui permette de franchir le seuil. Il est juste et bon qu'il soit tenu d'éliminer en grande partie ces fautes ordinaires des hommes avant d'être admis dans ce Temple puissant où il n'y a place que pour les Assistants voués au service, à l'amour de l'humanité. Et la tâche qu'il y devra remplir est tellement gigantesque qu'un progrès franchement réalisé en semble comme un préliminaire indispensable. Car il ne s'agit de rien moins que de s'affranchir de toute trace des faiblesses humaines, d'acquérir toute connaissance possible dans les limites de notre système cosmique, de développer en soi-même des pouvoirs capables de placer toute cette connaissance, à volonté, à la portée de la conscience en sorte qu'il suffise de porter son attention dans une direction quelconque pour saisir à l'instant tout ce qu'il y a là de connaissable.

Telle est, en effet, la position qu'occupe l'Adepte. L'Adepte est "celui qui n'a plus rien à apprendre"; et l'Adeptat n'est que le degré final de ce Sentier intérieur du Temple, que nous considérons maintenant, et qu'il faudra gravir en quelques brèves vies, — tâche si gigantesque, réalisation si sublime que, n'était le fait que des hommes l'on accomplit dans le passé, et que d'autres l'accomplissent aujourd'hui même, elle semblerait être au-delà de toute possibilité. Quelle impossibilité ne serait-ce pas, au point de vue de l'homme ordinaire, que d'assigner cette courte série d'existences au progrès inconcevable qui doit porter le disciple du niveau comparativement bas de la première Initiation jusqu'à la hauteur sublime où se tiennent les Adeptes parfaits, couronnement et fleur de toute l'évolution humaine ? Et puisque c'est là l'exploit qu'il nous faudra accomplir, puisque aucune trace de faiblesse humaine et d'ignorance humaine ne devra rester attachée à l'Arhat prêt à recevoir l'Initiation finale, il n'est guère étonnant qu'un travail sérieux s'impose avant même que le seuil puisse être franchi, il n'est guère étonnant que les fondations dont nous avons parlé, et qui auront à soutenir le poids d'un édifice colossal, doivent être rendues solides et fermes.

Et songez qu'une fois les yeux ouverts, la tâche doit sembler plus immense encore qu'aux jours d'aveuglement ; que pour celui qui est entré dans la Voie, la Voie doit sembler bien plus haute et plus longue qu'elle n'est aux regards troubles de ceux qui n'ont pas encore atteint le Seuil. Car le disciple doit voir plus clairement Ceux qui sont au-delà, il doit mesurer plus exactement la distance qui les sépare d'Eux. À la lumière de Leur gloire parfaite, combien ternes doivent sembler ses propres réalisations; combien mesquins et faibles tous ses plus grands efforts, à la lumière de Leur force parfaite; combien incommensurable son ignorance, à la lumière de Leur parfaite sagesse! Et quatre Degrés seulement entre eux et Lui, quatre Degrés à franchir en quelques existences rapides — Mais combien les conditions sont différentes! Cela seul permet d'expliquer la possibilité de l'accomplissement. Car nous sentons que les hommes qui ont achevé, et ceux qui sont en voie de le faire, sont entrés, aussitôt le seuil franchi, dans un mode de vie si différent, que ce qui semblait impossible en deçà devient possible au-delà, et que ce qui paraissait si difficile est accompli avec une facilité relative.

Bien que nous ne puissions pas concevoir pleinement toutes ces conditions nouvelles qui nous attendent au-delà du seuil, certaines d'entre elles semblent possibles à comprendre, et elles montrent combien la vie intérieure du Temple diffère de la vie extérieure. Le premier fait qui ressort, dans ce changement de condition, c'est que les hommes qui sont là comprennent,

— et ce mot "comprennent" renferme tout un monde. Vous connaissez les paroles que j'ai omises intentionnellement, la semaine dernière, en vous citant le chant de triomphe qui s'échappe des lèvres du Bouddha lorsqu'il proclame la fin de l'esclavage et l'aurore de la liberté; vous savez que ce cri, jeté vers les hommes du monde extérieur pour leur dire la cause de la misère humaine, parle aussi de la cessation de cette misère, cessation qui procède de la perception de la réalité :

> O vous qui souffrez! Sachez
> Que vous êtes vos propres bourreaux.
> Nulle autre force ne vous contraint,
> Nulle autre volonté ne vous lie à la roue des
> vies et des morts.

Celui qui a franchi le seuil sait que ces paroles sont la pure vérité. La souffrance des hommes vient d'eux-mêmes; ils ne sont point liés. La compréhension de ce fait transforme, aux yeux du disciple, la face du monde; et toutes les difficultés du Sentier changent également d'aspect. Car une fois que nous sentons, une fois que nous comprenons que les ennuis et les difficultés du monde procèdent de l'ignorance, que les hommes souffrent parce qu'ils ne savent pas qu'ils passent de vie en vie, et qu'ils progressent si lentement à cause de cette ignorance même ; une fois que nous savons que la vie leur profite si peu parce qu'ils ne savent point, et que cette roue des naissances et des morts les tient liés à cause de leur aveuglement, parce qu'ils ne voient pas que la liberté leur est acquise s'ils veulent seulement s'en convaincre ; — ces choses une fois comprises (et il ne s'agit pas encore ici de la vision du Sage Illuminé, mais d'une conception cependant assez claire pour entraîner la pleine conviction), le monde entier change d'aspect aux yeux du disciple qui a franchi le seuil. Et lorsqu'il jette ses regards en arrière sur la foule des hommes, avec toutes leurs tristesses et toutes leurs misères, avec leurs yeux mouillés de larmes et leurs cœurs brisés par la douleur, il sait que ces souffrances auront une fin, et que la mort de l'ignorance amènera la mort de la douleur. La misère humaine perd ainsi son caractère navrant ; et bien que la tristesse puisse subsister, le désespoir a quitté pour toujours l'Âme du disciple. Et c'est plus qu'un espoir, c'est une certitude ; c'est plus que l'attente de l'aube, c'est la vision en soi-même du soleil levant, la certitude du jour qui luira finalement pour tous.

D'autres changements encore surviennent dans la condition du disciple qui a franchi le seuil. Un des plus grands bienfaits que lui donne l'Initiation, c'est la possession d'un état conscient qui ne sera plus interrompu, sur lequel la mort n'aura aucun pouvoir, sur lequel la naissance ne pourra plus passer l'éponge de l'oubli. Sa conscience, à travers les vies qui l'attendent, doit être une conscience continue, ininterrompue, une soi-conscience qui, une fois acquise, ne pourra jamais être perdue ni obscurcie. En vérité, la soi-conscience de l'Âme ne peut jamais être perdue une fois qu'elle a commencé chez l'homme ; mais elle ne s'exprime pas dans la conscience cérébrale chez celui qui n'a pas franchi le seuil. Mais de l'autre côté, à l'intérieur du Temple, la soi-conscience est un savoir ininterrompu, en sorte que l'Âme peut regarder en avant et en arrière et se sentir forte dans la connaissance du Soi immortel. Et voyez comme toute sa vie sera par-là modifiée. Quelles sont en effet les deux grandes douleurs de l'existence, auxquelles l'homme ne peut échapper ? — Deux des pires douleurs qui ont broyé et broient encore les cœurs des hommes sont celles de la séparation et de la mort, — séparation par le fait de l'espace, quand des centaines ou des milliers de lieues s'étendent entre l'ami et l'ami ; séparation par le fait de la mort qui interpose son voile sombre entre l'Âme restée sur terre et l'Âme partie dans l'au-delà. Mais pour celui qui a franchi le seuil, la séparation et la mort n'existent pas comme au temps où il se mouvait dans le monde des hommes. Il peut les sentir jusqu'à un certain point, puisque l'entrave de l'ignorance n'est pas encore totalement rejetée. Il peut souffrir encore de la séparation par la distance ou par la mort, — mais cette souffrance ne peut plus voiler totalement sa vie véritable, elle ne peut plus interrompre sa conscience de la réalité. C'est seulement quand il est dans son corps physique que la séparation existe pour lui ; et ce corps, il peut à volonté le quitter pour aller là où le temps et l'espace ne l'affectent plus. En sorte que ces deux grandes souffrances humaines sont rayées à tout jamais de ses existences futures. Nul ami pour lui ne peut être perdu, nul mort ne peut enlever à ses côtés ceux qui sont liés à lui par le lien de la vie réelle. Ni la séparation ni la mort n'ont pour lui d'existence véritable ; sous leur forme la plus terrifiante, maux du passé vaincu, elles sont mortes pour toujours.

Et ce n'est pas tout. Non seulement cette conscience ininterrompue rend toute séparation impossible, mais elle signifie encore que, dans ces vies qui l'attendent, il ne pourra plus retomber dans le même état qu'au temps passé. Il ne retournera plus dans le monde, inconscient, pour gaspiller peut-être la moitié d'une vie à ne pas savoir ce qu'il cherche. Il ne renaîtra plus, ignorant toute réalité, aveuglé par le voile de la matière, inconscient du vrai but de la vie. Il reviendra, en vérité, mais il reviendra avec la connaissance ; il reviendra, mais pour progresser ; et ce sera de sa propre faute, maintenant, si son progrès se ralentit, s'il n'avance pas d'une manière continue. Il a acquis la conscience qui rend le progrès possible, et tout arrêt ou tout ralentissement devra être imputé à lui-même, et non pas à la nécessité.

Un autre changement de conditions est dû aux nouveaux liens d'amitié que le disciple forme, amitiés qu'aucun nuage ne trouble, que le doute et le soupçon ne peuvent atteindre, amitiés qui planent au-dessus de toutes les brumes terrestres, où les choses d'en bas n'ont plus de place et ne peuvent jeter leur trouble dans l'Âme. Car, en pénétrant au Temple, il est entré en rapport avec les grands Instructeurs ; en franchissant le seuil, les Maîtres sont devenus pour lui visibles, et la possibilité seule d'un contact si élevé modifie son existence à tout jamais. Il a pris contact avec le permanent, et le transitoire ne peut plus l'ébranler comme aux jours où il ne connaissait pas l'Éternel. Ses pieds sont fixés pour toujours sur le roc, et les vagues ne pourront plus le balayer et l'obliger à se débattre à nouveau dans la mer démontée.

Ainsi donc, de l'autre côté du seuil, quelque gigantesque que la tâche puisse être, les conditions diffèrent à tel point qu'elle en semble moins impossible ; et nous commençons à comprendre comment elle a pu être accomplie autrefois, comment elle peut l'être aujourd'hui même. Nous commençons à concevoir qu'avec de tel changements la Voie, quelque immense qu'elle soit, peut cependant être suivie jusqu'au bout; et que ces degrés qui gravissent le flanc de la montagne, bien qu'ils transportent l'Âme à des hauteurs incommensurables, peuvent néanmoins être franchis avec une rapidité incroyable sous des conditions si différentes, alors que s'épanouissent toutes les puissances de l'Âme, alors que les ténèbres sont dissipées et que la lumière est vue.

En considérant ces degrés suprêmes de l'ascension humaine qui restent encore à franchir, en examinant ces entraves qui restent à briser, nous voyons que les dernières phases de la faiblesse humaine, une à une, vont disparaître pour laisser enfin briller, forte, calme et pure, la lumière de l'Âme. L'illusion du "moi" inférieur se dissipe, et tous les hommes sont regardés comme un avec le Soi réel. Le doute s'évanouit remplacé par la connaissance; le doute devient impossible à mesure que l'esprit perçoit la réalité. Bientôt l'Âme ne dépend plus en rien des choses extérieures et transitoires. Dans son contact intime avec les réalités vivantes toute chose externe reprend la place vraie; l'extérieur perd toute importance réelle, et les choses qui divisent les hommes sont connues comme des ombres et non plus comme des réalités. Toutes les différences de religions, de cérémonies plus ou moins efficaces, tous les rites exotériques si divers, appartiennent au monde extérieur et ne sont que des murs d'illusion dressés entre les Âmes des hommes. L'Âme qui apprend verra tomber toutes ces entraves obscures et passer, pour ne plus y revenir, ces traces de faiblesse humaine.

Ensuite se développent les puissances de l'Âme, la vision et l'ouïe; des connaissances jusqu'alors insoupçonnées font irruption de toutes parts dans l'intelligence, devenue réceptive tout entière. Les limites des sens ne subsistent plus comme ici-bas; il n'y a plus cette exclusion de l'Univers presque entier, ne laissant filtrer çà et là qu'un fragment minuscule sous forme de connaissance. De toutes parts le savoir fait irruption, et la surface entière de l'Âme est réceptive; en sorte que l'acquisition de la connaissance semble comme un processus de vie sans cesse accru, comme une lumineuse atmosphère pénétrant l'Âme qui s'ouvre de toutes parts pour la recevoir.

Plus loin, nous voyons l'Âme se délivrer des derniers désirs qui s'attachent à elle, nuages déjà éthérés, dernières ombres de vie terrestre capables de la retenir encore... Mais lorsque nous atteignons la dernière des Initiations, celle qui précède le degré suprême et fait de l'homme un Arhat, nous trouvons qu'il est impossible de concevoir quelles entraves, quelles impuretés peuvent subsister dans un état aussi sublime. Il est écrit, et à juste titre, que le Sentier de l'Arhat "est difficile à comprendre, comme celui des oiseaux dans l'air"; comme eux il semble passer sans laisser aucune trace, il semble voler sans contact, sans entraves, dans cette haute atmosphère où il se meut. Et de cette région descend un sentiment de paix immuable. Car, nous dit-on, rien ne peut le froisser, rien ne peut l'ébranler, il reste inattaquable à toutes les tourmentes terrestres, dans une paix ineffable, dans une sérénité que rien ne peut troubler. Ceux qui connaissent cette condition ont tenté de la décrire; en termes nécessairement insuffisants, comme toute parole humaine, ils ont parlé des caractéristiques d'un homme semblable, et leurs syllabes semblent refléter faiblement cette condition sublime. Il est, nous disent-ils:

> Tolérant comme la terre, comme la foudre d'Indra; il est comme un lac sans boue; il n'y a plus de naissance nouvelles en réserve pour lui. Sa pensée est calme, calmes sont ses paroles et ses actes lorsqu'il a acquis la liberté par le réel savoir, lorsqu'il est ainsi devenu un homme tranquille.

Et il semble que, de cette tranquillité, nous sentions descendre sur nous une impression de paix, de sérénité, de calme inaltérable que rien ne peut changer ou troubler; et nous comprenons pourquoi, d'un tel homme, il est écrit:

> Il n'y a point de souffrance pour l'homme qui a achevé son voyage et abandonné la douleur, pour celui qui de toutes parts s'est délivré et a rejeté toute entrave.

Tel est l'Arhat qui se tient au sommet du Sentier; tel, l'homme qui n'a qu'un pas à faire pour n'avoir plus rien à apprendre; tel, le but de la Voie que tous peuvent suivre; telle, la fin de la lutte — et cette fin est la paix parfaite [28].

En décrivant les stades du Sentier préparatoire, en parlant, en termes si imparfaits, de ce qui nous attend au-delà des Portes d'Or, ai-je parfois semblé m'exprimer trop durement, ai-je parfois semblé vous peindre le Sentier sous des couleurs trop sombres? — S'il en est ainsi, la faute est à moi-même, et non au Sentier; s'il en est ainsi, l'erreur incombe à l'orateur, non à ce qu'il a tenté de décrire faiblement. Car, bien qu'il y

---

[28] Les citations sont tirées du *Dhammapada*, chap. VII, "L'Arhat".

ait difficulté, lutte et souffrance, il est vrai pour tous ceux qui pénètrent dans l'Enceinte Extérieure — pour ne rien dire de ceux qui ont franchi la Porte d'Or — qu'une fois entrés dans l'Enceinte, tous les trésors de la terre seraient impuissants à les faire redescendre à leur condition première. Et pour ceux qui ont passé le seuil, quelle joie, quelle promesse terrestre pourrait leur faire jeter fût-ce un coup d'oeil en arrière sur le monde qu'ils ont quitté ? — Car ce Sentier qui s'étend devant nous est un Sentier dont les peines valent mieux que les joies de la terre, dont les souffrances sont plus glorieuses que les prospérités du monde. Si vous pouviez condenser entre les limites d'une existence humaine toutes les joies que peut donner la terre, si vous pouviez la remplir de plaisirs, avec la puissance de jouir sans interruption ; si, entre les limites de cette vie humaine, vous pouviez accumuler tout ce que l'homme connaît des joies, des sens, tout ce qu'il connaît, même, des joies de l'intellect ; si vous pouviez en effacer toute trace de souffrance et de lassitude ; si vous pouviez en faire une vie idéale, pour autant que la terre peut fournir un idéal — alors, à côté des degrés du sentier, quelques sombres qu'ils puissent sembler, vus du dehors, cette vie de joie terrestre semblerait misérable et terne, et ses harmonies seraient des dissonances à côté des harmonies qui chantent au-delà. Car, sur ce Sentier, chaque pas accompli est accompli à tout jamais ; chaque douleur subie, quelque profondément qu'elle soit sentie, est la bienvenue à cause de la leçon qu'elle apporte.

Et le Sentier devient plus lumineux à mesure que décroît l'ignorance, plus paisible à mesure que disparaît la faiblesse, plus serein à mesure que les vibrations de la terre perdent leur pouvoir de froisser et de troubler. Ce qu'il est à son extrémité finale. Ceux-là seuls peuvent le dire qu'ont Eux-mêmes terminé ; Ceux-là seuls peuvent le dire qui, debout sur la cime, nous attendent à travers les âges. Mais ceux mêmes qui ne font qu'aborder les stades inférieurs savent que les tristesses de ce Sentier sont des joies lorsqu'on les compare aux joies de la terre, et que la moindre des fleurs qui y croissent vaut tous les joyaux que la terre peut offrir. Et telle est la Lumière qui toujours l'illumine, la Lumière qui grandit sans cesse à mesure que le disciple avance, qu'un seul de ses rayons suffit à faire sembler obscure tout le soleil d'ici-bas. Ceux qui foulent ce Sentier connaissent la paix qui surpasse toute compréhension, la joie que nulle misère terrestre ne peut détruire, ils goûtent le repos suprême sur le roc que nul tremblement de terre ne peut briser, dans l'asile intérieur du Temple où règne pour toujours la félicité.

TABLE DES MATIÈRES

Préface du Traducteur 5
I. — La Purification. 7
II. — L'Entraînement Mental 43
III. — La Construction du Caractère 79
IV. — L' Alchimie spirituelle 119
V. — Sur le seuil 159

Mme Annie Besant
(1er octobre 1847 - 20 septembre 1933)

Née à Londres, Mme Annie Besant fut une conférencière, féministe, libre-penseuse, socialiste et théosophe britannique qui prit part à la lutte ouvrière et lutta également pour l'indépendance de l'Inde. Elle fit de nombreuses lectures philosophiques qui développèrent ses questionnements métaphysiques et spirituels. Elle partit s'installer en Inde en 1893 où était basée la Société théosophique. Elle en prit la direction en 1907 et l'assuma jusqu'à sa mort en 1933.

www.ingramcontent.com/pod-product-compliance
Lightning Source LLC
LaVergne TN
LVHW051831080426
835512LV00018B/2821